Parents and Teachers

ncy Samalin◎著

瑛玿◎譯

愛與憤怒

母親的兩難困境

ove and Anger

Love

and

Anger

The Parental Dilemma

Nancy Samalin

with Catherine Whitney

作者簡介

南西・薩姆琳（Nancy Samalin）

於一九七六年創立父母諮詢工作坊並擔任指導員，她的著作《只是愛你的孩子並不夠：積極有效的管教》（*Loving Your Child Is Not Enough: Positive Discipline That Works*）受到高度的肯定。她是新學校與銀行街教育學院（The New School and Bank Street College of Education）附屬單位的一員，其亦於此校獲得她的碩士學位及諮商專業執照。她為美國本土及國外數千位父母親及專業人士舉行工作坊與演講。

由於身為《父母親》（*Parents*）雜誌的諮詢編輯與專欄作家，她經常出現在國內的電視與廣播節目裡。此外，與她的工作有關的文章亦出現在《紐約時報》（*The New York Times*）、《芝加哥論壇》（*Chicago Tribune*）、《家庭週期》（*Family Circle*）、《士紳錄》（*Redbook*）、《基督教科學派監控員》（*The Christian Science Monitor*）、《仕女的家庭生活》（*Ladies' Home Journal*）期刊，以及其他難以計數的雜誌與報紙。

譯者簡介

許瑛玿

國立彰化師範大學輔導與諮商學系博士
諮商心理師高考及格

現職：銘傳大學教育心理與輔導學系助理教授
（ivonne@mcu.edu.tw）

經歷：台中縣立日南國中專任教師
虎尾工專學生輔導中心兼任輔導老師
雲林技術學院學生輔導中心兼任輔導老師
台南女子技術學院學生輔導中心兼任輔導老師
國立體育學院學生輔導中心兼任輔導教師
新竹師範學院學生輔導中心兼任輔導教師
清華大學諮商中心兼任諮商師
交通大學諮商中心兼任諮商師

致謝

在我撰寫此書期間，數百位父母親與我分享他們的故事、想法與領悟，在此我要獻上我最深的謝意。公開談論這樣困難與複雜的話題需要極大的勇氣，我希望他們知道，他們的坦誠與開闊胸襟將幫助很多和他們一樣的人。

我衷心感謝我的編輯Nan Graham，由於她對我及我的直覺的信任催生了我的兩本著作。而睿智、細心及擔任出版工作的 Jane Dystel 從一開始就賦予本書生命及呈現的樣貌。我亦感激於企鵝出版社工作的 Marcia Burch 及 Janet Kraybill 二位協助我第一本書《只是愛你的孩子並不夠》（*Loving Your Child Is Not Enough*）的出版。

我的工作伙伴，Catherine Whitney，讓這個計畫變成一件快樂的事。她在一個複雜的議題上，提供了非常有價值的觀點，因此我得以有此殊榮和她一起共事。不可能再有任何一位作者能找到一位比她更包容、更負責與更有效能的共同作者了。

我也要感謝Janet Schuler，在問卷反應的整理、錄音帶的謄寫及本書所採用真實案例背景資料的分類整理上，她提供了無法估量的協助。

感謝許多專家，包括心理健康創始機構的 Rhoda Baruch 博士及其能力一流的團隊、哈佛醫療學校精神病治療教授 John Livingston 博士，與 Wheelock 學院親職研究中心的 Linda Braun 及其同事，在憤怒及預防性心理健康的議題上與我分享許多寶貴的知識。

我特別要謝謝那些不斷地協助我在我所處的社區去接觸家長及專業人士的人，特別是，我要將我的感謝獻給 Lenox 山區醫院的精神科主任 Allen Collins 醫師——他協助我有能力去展現「如何以愛的方式進行管教」計畫，及 Susan Ginsberg 博士——長久以來，她一直支持我在銀行街（Bank Street）教育學院的工作。

我的同事與朋友在無數層面上對我伸出援手，包括寫了許多親子書籍的 Vicki Lansky、父母親資源網（Parents Resource Network）的負責人 Gail Reichlin、中央猶太教護士學校（Central Synagogue Nursery School）的校長 Mary Solow，以及 Arlette Brauer、Jean Soichet、Ruth Hersh、Molly Haskell、Stefania McClennen。此外，我的同事 Robin Neiman 及 Ann Obsatz 應特別在此提及。

我從我的兒子們 Eric 與 Todd 那裡，學了很多該如何當個父母。他們不僅是善良、擁有美德的青年，他們亦是快樂的散播者。他們為這個家庭注入不間斷的正直坦率、經常的樂趣以及總是一針見血。我亦要向我的妹妹 Ellen Zanetti 及我的哥哥 Tom Hettleman 致上感謝之意，他們總在我需要的時候出現。我的繼母 Ruth Hettleman 一直都是如此慷慨大方，我在我的工作中以她為榮。最後，我要特別謝謝我的母親 Elizabeth Kaufmann，我愛她而且欽佩她的勇氣及對生活的熱情。

推薦序(一)

每個大人的身體裡都住了一個小孩子

跟大家分享一句話：「小孩子裡沒有大人的成分，每個大人的裡面卻都住了一個孩子。」

是否有過這樣子的經驗？被孩子氣到發瘋，從婚前溫文儒雅的斯文先生變成放聲咆哮的惡魔；從婚前溫柔嫻淑有氣質變成時時扯開嗓門大喊大叫的火雞母。這時候照照鏡子，也許還會懷疑鏡中的自己是否真的是自己。這幾乎是每對父母都避免不了的宿命，只是時間的早晚與長短。

再回想一下，對著孩子們發怒、動棍子的自己，大約也是躲藏在腦海記憶深處的夢魘所造成的，它們總是在理性最脆弱、情緒最憤怒的時候張牙舞爪地出現。深入探究的話，這夢魘依稀就是出現在童年時期某個無法抹滅的時刻，那最摯愛的父母身影。

不是每個人生來就是完美的父母，也似乎沒有一本操作手冊可以教人一步一步地處理孩子的麻煩情況。於是有大部分的人在不知不覺中，在孩子身上複製了上一代父母教養我們的方式。父母怎樣動棍子打我們、怎麼樣用言語責罵我們，我們就如法炮製，將這些傷害施加在孩子的身上。即使我們身體裡面的那個小孩子，是怎樣的無助哭泣，怎麼樣地發誓絕不會讓以後的小孩遭受同樣的痛苦。

還好，許教授為我們翻譯了這樣一本書，教導為人父母者如何面對自己的憤怒、面對躲在自己內心深處的小孩，以及在真實生活中面對我們的孩子。我們更可以在書中看到，管教小孩的場合裡，有著許多不同於以往的新選擇，幫助我們用更有效率的方式來教導孩子，而不是徒勞無功地責罵、體罰與無意義的咆哮哭泣。書上所呈現的，並不是艱澀生硬、枯燥乏味的理論，而是作者多年來主持父母成長團體所匯集而成，一對又一對父母的實際經驗與場景。相信身為父母的讀者們，都能由這些實際的例子中有所啟發：將孩子從發怒的父母手中解救出來的同時，也讓我們內心深處的那個小孩得到救贖。

張秋沐
于金門安瀾國小

推薦序(二)

不輕易發怒的，勝過勇士；治服己心的，強如取城

憤怒的情緒蘊藏強烈的力量，總是使人們的關係變得緊張，甚至引發更進一步的衝突。因憤怒對人際關係有高度破壞的可能，憤怒成為一項不受歡迎的情緒。在親子關係中，憤怒不僅難以避免，更糟的是憤怒還經常出現。一天二十四小時和幼兒形影不離的母親，常會有過度疲倦、挫折、憤怒的經驗。婚前以賢妻良母自許的母親，早已準備好要將自己的愛完全奉獻給孩子，盼能贏得孩子的尊重與順從，拼成一幅甜美的家庭圖像。然而現實生活中，幸福的圖像很難拼湊起來，因為父母發現孩子不知好歹、得寸進尺，給孩子方便他們當隨便，常常遊走法律邊緣，常逼著父母親採取非常手段，引爆親子戰爭。這種親子戰爭的戲碼一天上演好幾場，從早上起床就開始，如廁、用餐、刷牙、玩耍……直到夜幕低垂孩子上了床才能休戰。每天孩子拖拖拉拉的態度，對母親的命令充耳不聞，磨掉母親的耐性，最後總是演出敬酒不吃吃罰酒的結局。母親有限的忍耐在無數的戰事中消耗殆盡。當母親情緒耗竭後，憤怒的炸藥一觸即發。

一位幼兒的母親曾向我表示，對於要求孩子收玩具一事，她漸漸感到厭煩。她生長在一個大家庭裡，父母養育七個孩子，工作十分忙碌，從小她就是那個自動自發不用父母操心的孩子。她

不但會察言觀色發現家人的需要，而且常常會猜測父母的期待，她從不勞別人提醒就可以按時完成自己的工作，生活十分自律。父母偶爾注意到她的努力，總是肯定有加，而她也深深以此為榮。如今她身為母親時，十分看重孩子要有積極負責的生活態度，因此十分強調今日事今日畢、自己的事情自己做的原則。基於這些理由，她堅持孩子搬出來的玩具一定要孩子自己收拾。然而，孩子從未表現出樂意收拾的好態度，每每要經過一番威脅利誘，孩子才一把眼淚一把鼻涕勉強配合著收拾。每次都要這樣緊緊盯著孩子看，加上那些永遠做不完的家事，讓她感到疲倦不堪，深覺力不從心。為了要孩子收拾玩具，這位母親變得愛嘮叨、經常又叫又罵，認為孩子不負責任、不配合、又不賞臉。她不能瞭解，為什麼孩子不能像她小時候一樣自動自發？即使費了九牛二虎之力要求孩子把玩具收拾完，孩子哭鬧不休的反應，也讓她懷疑自己的管教能力，對自己感到不滿意，認為自己充其量也不過只是位連三歲孩子都搞不定的蹩腳媽媽。沒有成就感的媽媽角色，讓她在督促孩子收拾之時變得更加容易生氣。第一胎的教養經驗，使她在獲知自己懷了第二胎時，憂心忡忡，一點都快樂不起來。

親子關係是人類發展中最為基礎與重要的關係，許多心理學家致力於描述親子關係的特徵，並探究其影響力。早先的研究焦點在於探討父母教養行為，如權威、開明、寬容……等，對孩子行為及人格的影響；後來研究焦點轉向孩子特質，如性別、年齡、天生氣質……等，對父母教養行為的影響。晚近學者則聚焦於親子雙向互動過程呈現的模式。二〇〇〇年《應用心理學期刊》中，即刊載一項探討親子互動模式的研究，名為「母親與幼兒互動之教養行為分析」，採用十三對幼兒園大班的幼兒與母親，觀察家庭互動之行為進行內容分析。主持研究的林惠雅教授於結果中指出，幼兒母親教養行為的特色是主導、單向、直接指示，並展現較多的負向訊息。而親子互動有二項特色，特色一是「好來好往，以暴制暴」。親子雙方的要求若受到對方善意回應時，彼此衝突少，正向互動多；雙方的要求若受到對方忽略或拒絕時，另一方也會出現負面回應。二是「嘮叨成習，相應不理」，描述一種親子間互動的循環模式。當母親指示或禁止幼兒，幼兒卻不聽從時，母親指示或禁止的行為會增加，幼兒相應不理的反應與母親的嘮叨行為組成不良互動連鎖，而且循環不已。這項研究發現至少有二種應用上的價值。第一，親子間首要強化正向的互動；母親要能敏覺孩子的訊息，並且學會技巧鼓勵孩子增加合作的行為。第二，父母若發現自己已身陷以暴制暴或嘮叨成習的負面循環時，應學習新的技巧打破負面的互動模式。

工作是為了生活。為了工作，我們花費二十年以上的時間接受正規教育，學得專長討生活。然而，問題卻發生在我們有了工作卻不會生活。如果我們認為婚姻、家庭、親子關係很重要，我們就該付上代價用心學習，可惜正規教育在這方面往往毫無協助，因此要靠大家自助學習。坊間親職教養自助書籍中，大致可分為二大類，一是著重教養理論與技巧的介紹，二是父母教養經驗分享。前者側重理論介紹，結構完整，然而往往缺乏充分實例說明，讀者消化與應用時偶爾會發生轉化上的困難；後者則涵蓋大量親子生活互動的故事，簡單易讀，卻缺乏系統組織，讀者很難對教養工作的技巧有全面性的觀點。本書論及愛與憤怒看似彼此衝突、又經常同時存在的經驗。主題聚焦清晰，以深入淺出的方式，探討父母因孩子引起的憤怒情緒各種經驗。由於作者長期擔任父母親工作坊的教育輔導角色，具有多年輔導之實務經驗，書中引述親子相處百態唯妙唯肖，相信讀者必能在眾多故事中找到自己經驗的影子。

難能可貴的是，作者對於父母憤怒經驗的描述深入而全面，不止於表面的說明，以她諮商心理專業助人的學理背景，多處分析指出父母憤怒的根源，以及那些潛藏於父母心中各種矛盾衝突的想法和感受。作者抽絲剝繭，從父母的經驗仔細察看，有時憤怒之根盤繞糾結莫測。

在我與父母的工作中也發現，父母的憤怒情緒與他們對孩子的期待有高度相關。孩子的表現與父母的期待差距太遠，是造成憤怒的重要原因。這些對孩子的期待不論是大是小，父母多半視之為理所當然，認為這都是為了孩子好。有些期待來自父母成長中幻滅的夢想，有些期待則來自社會壓力。這些期待有時以「愛」作為包裝，卻讓孩子感覺「自己不好」、「被拒絕」。望子成龍心過切，使得有些父母只注意到孩子尚待改善的缺點，因此形成經常批評、老挑毛病。親子間僵化負面的互動方式，使得關係也都窒息無趣。

此外，隨著孩子成長獨立與隱私的需求增加，親子關係將面臨重大的改變，父母不再扮演萬事通的角色。如果父母未準備好接受關係的變化，未能適時放手，不尊重孩子的獨特性時，也會引發較多的衝突與憤怒。

「不輕易發怒的，勝過勇士；治服己心的，強如取城」這段《聖經》箴言道出自古以來憤怒情緒難受駕御的事實。管理憤怒這種個人心理靈性操練的難度，並不下於成為勇士必備之體能技藝。心志經過鍛鍊後，能夠瞭解、調節與掌握憤怒情緒，這樣的價值則勝過軍事上攻城略地的成就。憤怒經驗是一個心理靈性成長的機會，引發憤怒的事件正是父母反躬自省最佳的線索，藉此父母可覺察隱藏在憤怒背後的期待與需求，藉重新評估改變觀點、學習管教技巧調節情緒，就能妥善處理憤怒。如此憤怒的力量就不都是破壞性的了。

作者於最後章節指出，憤怒是親密關係自然不過的經驗，讀者不必過度自責，反倒可試著接納自己的憤怒，並開啟一段學習的歷程。最後本書簡要介紹父母自我調適以減少憤怒的技巧與步驟，供讀者練習。全書結構完整，思路清晰，能整合理論與經驗，恰可彌補目前親職教養叢書之不足。藉由作者精闢的分析，讀者若能細細品味，跟著作者的觀點省察個人憤怒的經驗，相信這會是一段愉快而有益的閱讀之旅。

本書無疑是親職自助學習之佳作，我有幸先睹為快，尤能感受譯者引介國人的美意，特為之序。

張英熙

台北市立教育大學幼兒教育學系助理教授

譯者序

看到孩子們可愛的模樣，並享受他們帶給我們的歡樂與無盡的信任，我常覺得孩子真是世界上最棒的禮物，所以我們也會給予源源不絕的愛與關懷作為回報。然而有時候我卻也會不由自主興起這樣的念頭：孩子們是不是專門來跟我們作對的？有時候我們累了想休息，希望他們趕快睡覺時，他們卻玩得更起勁；有時候我們正擔心晚餐來不及上桌而手忙腳亂時，他們卻死命黏住你，變成一隻「無尾熊」，或者上演全武行，哭得一個比一個大聲，讓你什麼事都做不了；有時候當我們想要抽點空檔看看書報或電視節目，希望他們自己玩時，他們卻又硬拉著你，吵著要你陪著玩或說故事給他們聽；有時候我們興高采烈帶著他們外出吃飯或遊玩，但到達目的地時，他們卻已睡著了，因此我們又得費力面對與處理小孩沒有睡好的惡劣情緒；更慘的是，我們已努力去安撫他們的情緒，他們卻仍在公共場合中大吵大鬧、使性子，讓身為父母的我們臉上無光。

親子間類似上述令父母親感到挫折的情形真是不勝枚舉，相信很多父母親都曾面臨過類似的情景。我看過有些父母面臨這樣的情境時，會自我解嘲說：「這個小魔頭……」或「這位是來討債的（台語）……」，我亦看過有些父母在大庭廣眾下大聲斥喝或痛打小孩，以發洩憤怒的方式來因應自己的挫折感。對小孩發脾氣是每一位父母親共通的經驗，而且本書作者薩姆琳女士亦一再強調，對小孩感到生氣或甚至到怒不可抑的地步，都是正常或常見的行為，因此對小孩感到生氣並不是問題之所在（除非我們想當聖人），問題往往出在，對小孩發完脾氣之後，常又帶給父母親兩敗俱傷的挫折感：擔心自己的小孩受傷害（外在或內心），並自覺自己不是個好父母。

根據譯者的觀察，國內一直尋求正確教養之道的父母親，在情緒上往往同時深受憤怒與罪惡感的折磨：在憤怒中忍不住對小孩大發雷霆，事後卻又覺得自己太衝動了，實在對不起小孩，因而暗自決定下次再也不會這樣做了，然而下一次卻又是同樣的劇情再度上演。這種惡性循環讓父母親相信，一定是他們沒有得到一本「完美的腳本」——可以讓父母親不再對小孩生氣，或至少是對小孩「好好」生氣。事實上，坊間已有非常多有關於如何教養小孩的書籍，而且也都寫得很好，然而有些父母親就是覺得他們做不到那些有效的管教方法；我能理解這些父母們的心聲，因為我也曾經氣得脫口而出「我現在要請你下車，我不要你了」，或是氣得痛打小貝比的屁股，讓他哭個不停之後，再來自責「真的是小貝比的錯嗎？！」也許我們的問題不在於無法使用正確的技巧，我們所面臨的挑戰卻是如何減少生氣的頻率。

當我說「小孩專門跟我作對」時，如果我的孩子們夠聰明的話，也許他們會回我一句：「是妳跟我們過不去吧？！」是啊，當孩子們玩得正高興的時候，我們卻叫他們去睡覺；當他們需要我們的時候，我們卻忙著做家事；當他們覺得自己考得還可以的時候，我們卻覺得考這種成績還敢大言不慚、不知反省……如果親子間經常站在敵對的立場看待對方，無怪乎衝突與憤怒會不時出現在日常生活中。是以，瞭解小孩的本質及在每個發展階段的特徵，將有助於父母親調整自己的生活頻率，並搭上小孩的生活頻率，而我相信，頻率相合的親子關係可激發孩子更多的生活能量及智慧，相對地，父母親將可欣賞到孩子的美與珍貴的一面。一個重要的提醒是，孩子在學校的成績表現並不足以代表這一切，很可惜我們很多的父母親習慣以此來衡量孩子與自己身為父母親的能力。

如果孩子在校表現不好，父母親會擔心自己的小孩沒有未來，而且小孩的老師可能會覺得自己是個沒有盡到責任的家長；如果孩子在校表現不好，在家又懶散、不聽話的話，親子間可能就經常爆發衝突，父母親亦可能開始對配偶或自己生氣──小孩是怎麼教的！如果孩子在校及在家表現不好，又經常在外面捅婁子的話，那麼親子間除了不間斷的戰爭外，父母親可能產生更多的疑問──我怎麼會生出這樣的小孩？不可否認地，孩子的表現是父母親成就的一部分，然而若只以學校的成績表現來衡量一切，可能就抹煞了孩子們很多與生俱來的特質；況且，父母親經常不自覺以將來唸一流學校的標準來衡量孩子的成績，例如，孩子某一科考了 88 分是很糟糕的，因為孩子班上大部分的同學都考 100 分，所以他／她將來一定……（這些對未來失望的預期只因為這科比別人多錯了 3 題；事實上，在很多父母親心目中，比別人多錯 3 題是比多錯 1、2 題嚴重得多）。我無法斷定這些考試分數老是落在班上後頭的孩子們，將來是不是會如他們的父母親所預測般的糟糕，但我確信，在這斤斤計較分數的求學過程中，將會讓家庭中充滿緊張氣氛或火藥味，而孩子們可能得付出沒有自信心及失去讀書興趣的代價。

中國父母親經常掛在嘴邊的一句話是：「如果你不是我的小孩，我才懶得管你。」言下之意是，因為我愛你，所以我才對你有期待；可是當孩子們達不到父母親的期待時，父母親可能會因失望而指責小孩不努力。更慘的是，當孩子們努力達到父母親的期待標準時，父母親卻又高興地提升了他們的期待水準，因此孩子們又得更努力以滿足父母親的期待——其實這麼做最主要是可以獲得父母親的愛。如果愛與憤怒是如此運作的結果，那麼降低對孩子的高期待——亦即，設定符合孩子的期待水準，將可減低憤怒發生頻率，而孩子們將可獲得更多無條件的愛。

不管是對孩子們或對我們自己而言，接受個人的價值——此意謂著，允許小孩成為那個年紀的那個樣子，以及允許身為父母的我們成為「雖不滿意，但可接受」的父母親，及設定合理期待，應是減少生氣頻率，形成親子相處「幸福腳本」的必要條件，然後再加上處理憤怒情緒的技巧，應可形成「幸福腳本」。也許到達此境界時，已無須任何腳本，因為相互瞭解與尊重的親子關係，已讓「愛」的力量化解一切問題。一個偶然的機會在書店的書架上發現這本《愛與憤怒：父母親的兩難困境》（*Love and Anger: The Parental Dilemma*），其內容竟與譯者的想法不謀而合，而且本書更提供了系統性與詳盡的論述。作者南西・薩姆琳女士及共同作者凱薩琳・惠特妮（Catherine Whitney）女士結合其實務經驗與研究結果，清楚詳細地說明在家庭裡各個次系統中愛與憤怒如何造成親子間的兩難困境，及兩難困境的解決之道。本書除了理論性的概念外，作者們亦於書中精心安排實例與對話，讓我們真實看到問題轉化的關鍵點及實務運用的樣貌，此不僅協助我們將概念運用於自己的生活情境裡，亦讓此書不致於流於理論，讓有心閱讀的父母們覺得深奧難懂。而在譯文的部分，我則採用中文名字取代原文案例中編造之假名，並盡量簡化作者們引用的學者名與著作名（改用附註的方式說明之），以期文本呈現的方式更符合中文的習慣，讓讀者易於閱讀。

譯者由於才疏學淺，往往在授課或諮詢過程中未能如此書般精闢詳實地「說清楚，講明白」，因此個人很高興能發現這本好書，並樂於譯成中文，希望能提供與孩子們相處的父母親或教師們更多的助益，及在親職或教育工作上提供對話的空間——歡迎各界先進不吝來信指教（請e-mail至ivonne@mcu.edu.tw）。本譯書得以付梓，心理出版社及前總編吳道愉當居首功，如果沒有吳總編鍥而不捨，花了一年多的時間取得版權，本譯作就沒有機會「誕生」了。此外，在翻譯過程中，譯者本身經歷了許多家庭的變化與壓力——如小兒子的出生、先生被外派至異國（因此我成了所謂的假性單親媽媽，須獨自照顧兩個小孩）、母親發現得了癌症，因此好友木子與嘉源同學及時伸出援手有如沙漠甘泉，安定了一顆焦躁的心；而褓姆呂雪瓊女士一家人不僅常常主動解救我被兩個小孩「拖累」了的心，他們更有如照顧家人般照顧我的兩個小孩及我這個大人；心理出版社林敬堯總編及編輯群涂志怡小姐、陳文玲小姐與李晶小姐不僅未曾就翻譯進度上的落後給予任何隻字片語的壓力，在每次書信中往返必會提醒我要照顧自己的身體；金門縣安瀾國小張秋沐校長與台北市立教育大學張英熙教授慷慨應允為本書題序，以及藍慧芳小姐出借其記者的專業素養為本書潤稿，皆為本書增添文采與可讀性，對於所有這些無上的恩賜，實無法以一個謝字道盡心中的感激之情！在這漫長的翻譯過程中，與其說我將時間獻給了此書，倒不如說此書陪我走過了一段充滿壓力與情緒的歲月——它讓我在自己的經驗中看到自身的盲點。

前言

我對於她那沒禮貌的樣子愈來愈生氣，所以我也藉由挑剔東、挑剔西來表達我的挫折感。我批評小津吃飯的樣子、每天早上她出門時她的房間總是亂七八糟、她把濕毛巾及濕衣服胡亂丟在髒衣服上面的壞習慣、她到最昂貴商店買東西的奢侈浪費、她收音機的音量太大聲、她拒絕帶牙套……我執意地想要她守規矩一點。

如果你知道上文的作者不是別人，正是過去四十年來，上百萬父母親尋求親職方面建議的班傑明·史伯克（Benjamin Spock）醫學博士，可能會大吃一驚。這段話描繪出十三年前他剛成為一個十一歲小女孩的繼父時，所面臨的親職危機。史伯克博士提醒我們，在那種狀況下，他就像其他的父母親一樣——努力想要看穿他自己的憤怒，從中找到愛的解決之道。

我舉這個例子來說明，在教養工作上沒有標準答案，只有從我們自己及他人的經驗裡鍛鍊出一些準則。我非常清楚這些年來我所學會最重要的功課（以及最有效的技巧），不僅是來自於我的良師益友愛麗絲·吉諾（Alice Ginott）博士，亦來自於上千位來參與我的演講與工作坊的父母們。此外，還有許多父母親來信告訴我他們對我第一本書《只愛你的孩子還不夠》的看法，以及他們如何艱難地使用那些有效的管教技巧——有時成功，有時卻失敗了。

注意這個警語「沒有哪一位專家擁有所有的答案」是很重要的，因為你將無法在此書中找到一系列絕不會失敗的解決方法。父母親與憤怒本身就是充滿了複雜性的本質，所以我的目標並不在於告訴讀者所有的憤怒類型及其表現形式，我亦將探究憤怒（作為人類的一種表達）深層本質的工作留給精神科醫師。更確切地說，本書的目的希望能在常被一般人認為是禁忌話題的部分開啟一扇窗——在父母親與孩子間糾結不清的憤怒這樣常見的議題上提供一些領悟，並提供一些實用、正面的方法重新引介憤怒。

最重要的，我的希望是父母親在閱讀此書時，學會不要那麼嚴厲地評判自己，並開始看到他們許多表達憤怒的方式是完全正常的。兒童的天性就是會將家庭環境弄得一蹋糊塗、激怒家人、意義表達得不清不楚，及帶來騷動混亂，但他們同時也帶來溫暖、幽默、無限的精力與創造力。慈愛的父母親會懷疑他們要如何鼓勵後者同時亦能忍受前者，而這樣的困境正是本書想要深入探究的主題。

目錄

父母親的兩難

在我的兒子出生前，我一直是個完美的父親。

——一個兩歲小孩的家長

阿雪咆哮著進入客廳，腳上又踢到一個迷路的玩具。她的眼裡閃著怒火瞪著她的兒子小寶，他正高興地埋首於此混亂中。她尖叫著：「該死的東西！」「為什麼這屋子總像發生過災難一樣？」不等待任何回答，她將公事包往椅子上一摔，再將外套丟在公事包上。「這就是我經歷了悲慘的一天後所必須面對的。你到底怎麼了？」

通常在比較輕鬆的心情下，阿雪會說七歲的小寶是個「美國房屋破壞者」。她能夠生動地描述，在進到房間十分鐘內，她那在其他狀況下很可愛的兒子，如何輕易地將看得到的東西翻了過來，而襪子、襯衫、美國兵朱歐的娃娃、積木、蠟筆、玩具車及餅乾的碎片丟得到處都是。如果小寶將這些混亂侷限在他的房間裡，她可能不會如此在意，但不幸地，他卻是個機會均等的混亂製造者，而客廳最常成為他的目標。

今天阿雪可沒有心情去處理小寶的那一團混亂。在工作上她可是糟透了——她失去了一個大客戶，因此她的老闆訓了她一個小時，數落她所有她做錯的事。更糟的是，她必須搭公車回家，因為她的車進了修車廠。公車上又擠又熱，阿雪只想趕快到家，這樣她才可以放鬆與休息。然而，當公車一路搖搖晃晃、跌跌撞撞走過滿是坑洞的街道時，她仍一直陷於可怕的一天之中。而當她想像她進到屋裡的情形時，一陣厭煩的感覺油然而生，她知道小寶可能又將家裡破壞得亂七八糟。事實上，她非常確定一定會是這樣的結果。她闔上眼，任憑自己沈溺於自怨自艾之中。到現在為止，她已工作了這麼長且艱難的時數了，而面對一天的結束，她唯一能期待的，卻是一個看起來好像被龍捲風肆虐過的房子。即使褓姆對小寶破壞房子的本領似乎是一籌莫展，但他為何不能理解，看到家裡一團亂對她來說是多悲慘的一件事，而給予一些體諒呢？

就在阿雪進到屋裡時，她早已蘊釀了一肚子怒氣，因此在能夠克制自己之前，她就已經開始大吼大叫。現在她站在客廳那一片混亂之前，雙手叉腰，臉上因盛怒而扭曲變形。小寶太瞭解他媽媽了，知道現在不是爭辯的時候。他說：「我馬上整理。」並向地毯上的玩具跑去。

但是阿雪不為所動：「喔，是嗎？太陽都要打西邊出來了！我要的只不過就是一點點秩序，但是我還是得面對這些混亂。不管我怎麼做，不管我說什麼，事情都是一樣的。我受夠了，我已經受夠了！」她如狂風暴雨般衝進廚房，一會兒拿著一個大垃圾袋回到客廳。小寶很著急地跑去撿玩具，當他看到媽媽開始把玩具丟進垃圾袋時，他真的嚇壞了：「媽，我會整理乾淨，不要嘛！媽，你在做什麼？」他語意不清地說著，不斷地在媽媽的身邊繞圈圈。

阿雪嚴厲地答道：「給你一個教訓。」她將所有玩具塞進垃圾袋後，態度堅決地綁緊袋口。當他看到她朝向公寓大樓的大垃圾箱走去，小寶知道媽媽不只是虛張聲勢而已，她真的要把他心愛的玩具丟掉。他趕快追在她後面並尖叫著：「媽，不要嘛！不要嘛！」但是阿雪的憤怒此時就像是在軌道上急行的電車一樣，一點也不理會小寶的請求。她把袋子丟進垃圾箱，「砰」一聲把箱門關上，他們可以聽到垃圾袋大聲撞擊到垃圾箱底部的聲音。小寶傷心得發狂，大聲哭喊著：「我恨你！我恨你！我希望你去死算了！」

阿雪拉著他的手臂將他拖回屋裡。她搖晃著他的身體：「你竟敢跟我說這樣的話！那是你活該！現在回到你的房間，我今天晚上不想再看到你了！」

當小寶哭著跑回房裡後，有一瞬間阿雪似乎覺得好多了，然而此滿足感卻在傾刻間被罪惡感、恐懼及後悔剛剛的所作所為取代了。她發現她完全失去控制，她處罰小寶不但是因為他將客廳弄得一團亂，同時也是因為今天所有發生在她身上的噩運。她到底怎麼了？

阿雪將此情節說給參與工作坊十二位具有同情心的男士及女士們聽，這是我在紐約開設有關父母親憤怒工作坊中的一個。雖然阿雪覺得自己的行為可怕極了，但在場幾乎沒有人對她的故事感到震驚。事實上，我看到許多家長不得不承認般地點點頭。

阿雪羞怯地說：「當我先生下班回來之後，我花了大約兩小時，才在所有住戶的垃圾堆裡找到小寶的玩具。我因如此生氣而對小寶感到抱歉，我並對自己發誓說我再也不要用這種發脾氣的方式來讓自己好過了。」大家露出笑容，彼此心知肚明知道這樣的承諾不可能做到。

坐在教室的前頭，聽著阿雪的故事，我想到過去十五年來我已聽過數百次，甚至數千次類似的故事。當父母親們聚在一起時幾乎都會談到生氣的話題，而且這是個令他們十分困擾的話題。

他們相信好父母不會大吼大叫、極少會對小孩尖聲斥喝，慈愛的父母不會因憤恨而激動不已，成熟的人絕不會因盛怒而失去控制。他們望著我，期待我能給一些如降妖驅魔般的方法，去掉他們這些不舒服的感覺，期待我能提供一個解決方法，就如同萬靈丹般，這樣他們就不會再對他們的小孩感到憤怒。

然而，我卻告訴他們相反的那一面才是真的——我們愛得愈多，就愈容易感受到強烈的不愉快情緒，包括生氣、憎恨，甚至忿恨難抑。有時候，這些強烈的情緒出現在我們的親子關係中，是再自然不過了，因為我們投資了最多的愛、最強烈的情感及最深的期望在我們的小孩身上。

但此仍不足以說明父母親對小孩生氣是再正常不過了——就像小孩常常對他們的父母親生氣一樣正常。我們必須檢視我們的憤怒對我們做了什麼，它對我們的小孩產生了什麼樣的影響，以及如何處理這些因小孩而引發的威力強大的情緒。問題是：我們要如何自然地表達我們的憤怒，而不會傷害到孩子或打擊到他們的自尊？同時，我們要如何教導我們的小孩以一種有效而非傷害性的方式，來表達他們自己的憤怒？

對許多家庭而言，屋裡就是戰場，充滿著不斷的爭吵、大聲吼叫的配偶，以及令人精疲力竭的權力爭奪戰。通常，父母們的抱怨好像都是些芝麻綠豆大的事，因此他們覺得一再重覆這樣的戰爭似乎很不值得。父母們會很訝異他們的心情能在短短幾秒鐘內從相當平靜轉變成徹底的挫敗。早餐時一個未吃完的蛋或一杯打翻的果汁，可以將一個寧靜的早晨變成一場人人自由參與的戰鬥。雖然父母親的出發點很好，但上床時間卻變成戰爭時期；吃飯時間就在小孩的淚水及幾乎都沒動到的食物中結束；乘車外出卻惡化成配偶間充滿壓力式的互吼。

其他的戰爭就更為嚴重，這通常在小孩無法符合父母親最珍視的價值觀時發生——當他們在學校表現不佳、說謊、偷竊或反抗權威時。

不管源頭為何，通常我們因親職而引發的憤怒經驗，就如同與最糟糕的自我接觸一樣，這是個令人驚慌害怕的經驗。我甚至是在有了小孩之後，才知道自己的脾氣是這麼暴躁。發現以下的事實真的會令父母親受到很大的驚嚇：我這麼愛的孩子們，我為他們犧牲這麼多，但他們竟然可以引起我這麼強烈的憤怒情緒；而我——他們的爸爸或媽媽，首要責任是去呵護與保護他們的人，竟然對他們有這麼強烈的憤怒情緒。

通常，我們的憤怒可能與事件沒有什麼關聯，較可能是因事情好像快要失控時，以及伴隨而來的精疲力盡、耐性盡失或挫折所引發。即使父母們常覺得要去瞭解或接納自己的憤怒很困難，但是大部分的父母親還是可以很輕易地列出清單，來說明他們的孩子做了什麼就會觸動他們的「生氣按鈕」。有時候我會在我的工作坊裡，要求人們列出引發生氣最常見的導火線，他們很容易就想到一堆，然後把它們說出來：

當他們不遵照我所說的話去做時。

當他們不願意回答「不」時。

當他們公然反抗我的時候。

當他們直接將衣物「掛」在地板上，而且也不打掃他們的房間時。

當我看到他們出現我曾經犯過的錯誤時。

當他們表現得像個無助的嬰兒時。

當他們不做他們的家庭作業時。

當他們用「那樣的口氣」跟我發牢騷或爭辯時。

當他們把我丟在一邊對我視而不見，或把我當成聾子看待時。

當他們在公共場合讓我難堪或亂發脾氣時。

當他們對於他們自己的東西不負責任時。

當他們把東西占爲己有，不與朋友或兄弟姊妹共用時。

當他們試圖要控制我時。

當他們對我爲他們所做的一切都不會表示一點感激時。

當他們吵嘴或打架時。

當他們「擺出那種臉色或態度」時。

當他們頂嘴並說出傷害我或侮辱我的話時。

當他們說：「我恨你」或「你遜斃了」時。

當他們不吃我所準備的東西時。

當我趕著要做事，他們還一副無所謂的樣子。

當他們不願意上床睡覺或賴床時。

而這些只是清單中的一部分而已。通常，當大家大聲說完生氣的導火線後，每個人都笑了。和大家一起分享及分享後的領悟，有那麼一點兒宣洩的作用，他們發現，令他們生氣的理由常常和大家的都很類似，而且其他的父母親也都同樣感到相當無助。他們對一些芝麻綠豆大瑣事生氣的程度令他們不知所措；父母親常說：「這些理由聽起來真的很蠢。」的確，任何一位曾經思考小孩拒絕吃豆子怎麼會讓人如此抓狂的父母親，會同意拒吃豆子的反應似乎和「犯罪」相去甚遠。父母常自覺慚愧，但我向他們保證，他們生氣的反應很正常，甚至是無法避免的。我的目的在於協助人們瞭解，即使是最慈愛、最會照顧人的父母親有時候仍會氣得滿臉通紅，我也會幫助他們明白各種引發憤怒的導火線——當孩子說：「你又不是我老闆」或「我恨你」，或孩子英文課的成績可能拿到C而不是A時，父母親在第一時間的感受與行動反應為何。所有父母皆經歷過不知該如何去引導小孩生活的無力感——尤其當他們懷疑自己是否有能力成為有效能及慈愛的養育者的時候。

害怕憤怒這頭怪獸

憤怒並不會對慈愛的父母親或漠不關心的父母有任何差別待遇，但是對許多人而言，這是很難學會的一課。阿德就是一個很好的例子。阿德是少數參加早上工作坊的男性成員之一，他十分用心致力於成為他四歲女兒小莉的好爸爸。他透露，他這麼認真於親職工作的原因，就是想要避免他的父母曾經犯過的錯誤，不惜任何代價。阿德在一個充滿緊張與懲罰的家庭中長大，他與父母之間經常會有生氣性抗爭。他記得小的時候，他經常感受到對父親強烈的恨意，而他無法忍受他的女兒對他可能也有同樣的感覺。在家裡他過度低聲下氣以避免抗爭，他描述他總是仔細地向女兒解釋他的限制，這樣她就能「瞭解」他限制的理由。阿德說：「她知道她為什麼必須在八點前上床睡覺，她可以接受這個規定，因為它不像是個虛有其表的規定而已。」

我可以瞭解阿德多麼重視他與女兒之間能有如此一致性的溝通，所以我並不想說任何可能會讓他希望幻滅的話。但是假如我對四歲小孩真有一點兒瞭解的話，我所知道的就是，他們有驚人的能力去表現出不可理喻的行為，即使大人們曾經耐住所有性子，慢慢解釋給他們聽過了。雖然阿德和女兒的關係十分親密，但學齡前兒童的天性並不會讓他們乖乖地遵守大人的限制，不管這些限制是多麼合理與有其必要性。

有一天早上，阿德抵達工作坊時看起來神情疲憊與苦惱。當我注意到他悶悶不樂地望向窗外時，我小心翼翼地問：「阿德，很難捱的早上？」他聳聳肩：「不完全是……今天早上小莉和我在遊戲區有一些麻煩。」

「喔！」我點點頭，接著說：「你何不告訴我們發生了什麼事，如果你想說的話。」

阿德開始描述早上他和小莉在幼稚園的遊戲區發生的意外。他解釋說，當天氣很好的時候，他總會試著早點到幼稚園，這樣他的女兒就有時間可以在上課之前玩一會兒。小莉真的很喜歡爬單槓，而阿德也覺得他們在一起的這段時間真的非常特別。但是那天早上，上課的時間到了，該停止遊玩進教室時，小莉卻在單槓上拒絕下來，她傲慢地告訴她的父親她不要進教室，她要留在外面玩。如同阿德的一貫作風，他試著和他的女兒講理，溫和地提醒她現在她必須下來；現在是上課時間；爸爸必須走了；他對她說：「來！做個乖孩子！」但是她仍然拒絕下來。他要求了好多次，而她根本忽略他的要求，仍然繼續留在單槓上。

阿德帶著內疚的口吻說：「這時我開始發飆了，我已經快要來不及來上這個課，而她也已經要遲到了。她是如此的不可理喻。最後，我大吼：『就是現在！』就爬上去，用力把她抓下來——這時她使盡吃奶力氣大叫：『你把我弄痛了啦！你把我弄痛了啦！』」

「我嚇到了。她以前很少在我面前表現得如此叛逆。我可想而知其他家長一定瞪著我看，並對我的所作所為感到吃驚。我感到非常困窘，我很想大聲說：『我沒有弄傷她！』她邊哭邊瞪我，好像我是全世界最令人討厭的人。她大聲對我吼完『我討厭你！』就跑進教室去。說到這裡，我真的覺得自己太可怕了。」他帶著自我厭惡的表情搖了搖頭，「為了來上『如何做個稱職的父母』這堂課，為了不想遲到，卻破壞了我女兒的一天。這真是個天大的笑話！我真的應該讓她多玩幾分鐘；我真的把事情搞砸了。」

阿德的故事並沒有任何與眾不同之處，它就是那種時時在上演的現世戰爭——發生在父母與子女之間有需求的衝突時。但它對阿德來說是件非常重要的事，因為其顯示出親子之間的衝突不是都可以用講理來解決。當然，小莉知道是該停止爬單槓的時間了，當然她也知道她的父親必須離開而她被期待應該進教室上課。但是，她單純地選擇忽略所有的訊息，只因為她想要繼續做她覺得有趣的事，而不想被制止。對一個四歲小孩而言，她並不在乎理由是什麼，這些理由根本與她完全不相干。所以當阿德堅持時，她讓他唱獨腳戲。當父母親首次聽到「我討厭你」或「你不可以命令我」時，常覺得心跳快要停止了。

這個意外可能看起來是件小事，然而其對阿德而言，卻是個大到能毀滅一天的事件。阿德需要表現堅定的態度但不須使用任何處罰，而且他也必須去接受這個無法避免的事——小莉對於「停止她目前所做的事並遵從他的命令」會非常不耐煩。也許他可以給小莉一個選擇而不是命令，他可以說：「小莉，你很想留在這裡玩，但是我們現在要進去了。你要自己進教室，還是要我帶你進去？」即使她繼續抱怨或哭鬧，他仍必須把她帶進教室去，而且他還要有心理準備——一時之間她會對他又哭又叫又鬧。

在某些家庭裡，這些小戰爭會不斷地被累積與串聯在一起，直到家人間似乎只剩下抗爭的互動而已。當小孩指責父母說：「你總是對我大吼大叫時，」父母這才瞭解到，他們自以為自己是善良慈愛的父母，但是他們的小孩並不這麼認為。這個發現嚇壞了他們。他們很疑惑：「這就是我的小孩看我的樣子——一個總是大吼大叫的人？」就像此工作坊一位家長自我觀察到的：「對外面的世界來說，人們總認為我是一個溫和、善良、有耐心的人。

但願他們看得到我和我的小孩相處情形就好了。」

不可避免的情緒

「我心中納悶著：『這樣正常嗎？』『我的憤怒是正常的嗎？』」已離婚的史密斯先生[註]在他的《叔叔父親》一書中如此問。他在書中寫道：「他們可以讓我暴跳如雷，他們的行為簡直是太可怕了。在超市裡，我會將小傑放在推車上：他明亮的小眼睛搜尋著那些彩色的架子，而他的雙手則伸手亂抓東西；如果他拿不到東西，他就會大聲哭叫；或者他想從推車上下來，這樣他就可以自己走；但是如果我堅持他得牽著我的手走，他就會在走道上好像跛腳了一樣讓我拖著走。對一個從來不曾在擁擠的超市裡，經歷兩歲或三歲大的小孩坐在地上罷工及哭號經驗的人，我敢說你將不會知道什麼是真正的奇恥大辱，然後你就會知道甘地是如何贏得印度的……」

有沒有哪一位還活著的父母親無法感同深受史密斯先生在超市走道中的經歷？每一位父母都知道這種感受，而這種東西就是你一輩子也忘不掉。在超市裡，你會對你的小孩說出即使面對最惡劣的敵人你也不會說的話；這些話，你的父母親曾經對你說過，然而當你升格為父母時，你曾發誓你將不會這樣說。當我讀到史

註：史密斯先生在原文中全名為 C. W. Smith，著有 *Uncle Dad* 一書，此書誠實地描寫出週末父親在愛與憤怒之間的掙扎。

密斯先生的描述時，我發現到，即使我脫離了學步兒在超市走道上罷工的痛苦已經很多年了（我的兒子們現在都已成年了），我仍記得那一種無法忍受的難堪——幾乎每一天，在百老匯的公車上，我的兒子都像歇斯底里般地亂發脾氣。然而他在托兒所的三小時裡，卻是很努力抑制他的情緒；這麼說來，他似乎把歇斯底里都留給我了！

出門在外時，父母親都太在意陌生人注視的眼光。有位媽媽說了某一天她帶兩歲大的小孩到銀行辦事的故事。小孩坐在自己的嬰兒車上發脾氣、哭鬧，而這位媽媽則覺得十分緊張，因為等待的隊伍很長。突然，一隻蒼蠅開始在小孩頭上「嗡嗡」地飛來飛去，小孩很生氣地把蒼蠅揮開，然後非常大聲地說：「他媽的死蒼蠅！」剎時所有在隊伍中等待的人都停止了交談，而這位媽媽則感覺她臉紅得發燙。她可以想像得到人們會怎麼想。她的第一個念頭是賞這小孩兩巴掌，但是緊接著出現第二個念頭：她看著她的兒子，然後用非常大聲的聲音說：「等一下看我怎麼跟你媽說！看你剛剛說的是什麼話？！」

當我說完這個故事，大家都笑了，因為大部分的父母都能認同這位可憐、難堪的媽媽。我告訴參加工作坊的父母們，當他們因不理性的學步兒或學齡前兒童而在公共場所成為恥辱的收受者時，或當他們被一些咯咯看笑話的陌生人圍觀時，他們要在心中不斷地告訴自己：「我不認識這些人。他們不是我的朋友。以後我永遠不會再看到他們。」

當我第一次聽到自己因失控而對其中一個小孩尖叫時，沒有人會比我自己更驚訝了。我總認為自己是個相當溫和的人；從來沒有人指責過我說我脾氣壞。事實上，當我以前在當老師的時候（在我自己的小孩出生以前），有時候家長們給我的評語是我有用不完的耐心。然而，突然地，隨著兒子們的誕生，僅僅在他們出生的十二個月後，出現了咆哮吼叫的「另一個我」。就像這幾年中我所遇到的——幾乎是所有的——父母親一樣，我自己就是現實生活中親子戰爭早期的受害者。我對兩個兒子嘮叨、批評、威脅與爭辯的次數與頻率遠多於我願意承認的，而對於一些小事的反應最後卻變成無法預料的憤怒，我為這種憤怒發生頻率之高深深困擾著。

每個人都會發脾氣。可是當這些怒氣變成父母親的憤怒時，許多人發現自己很難接受這麼強烈的負面情緒，竟然從自己身上發射到他們（通常是）深愛的、無辜的孩子身上。如果我們有能力去察覺我們對自己心愛的小孩有著多麼可怕的憤怒，而此覺察令我們感到痛苦時，該是說出那些常常令我們驚恐與自我厭惡的憤怒情緒，並採取行動的時候了。如同著名的兒童心理學家吉諾博士[註]所寫的：

> 英文這個語言提供了豐富的情緒表達字眼，以描述憤怒的各種差異與變化……憤怒讓我們的視覺變成彩色：當我們生氣時我們會臉色蒼白，而盛怒時氣得臉色發紫；

註：吉諾博士原英文全名為 Dr. Haim Ginott，著有 *Between Parent and Teenager* 一書。

我們臉紅脖子粗；我們看不見眞相；我們盲目行事；我們臉色發青……我們氣得眼睛噴出火來……我們氣得頭頂冒煙，我們在心裡生悶氣，我們火冒三丈，我們急躁不安，我們怒氣沖天，我們感到怒火中燒，我們勃然大怒，我們吹鬍子瞪眼睛，大發雷霆，開始發飆，氣極敗壞，氣到不行，破口大罵。

有位媽媽曾經告訴我她的經驗。由於無法抑制的憤怒，她不斷地對她的兒子大吼大叫，此時她碰巧看到鏡子裡的自己，她被鏡裡的人嚇了一大跳。「那是一個看起來十分野蠻的女人，還有張扭曲的臉，我想，天啊，那是我！」

無法控制的憤怒的確很嚇人，很像是被惡魔附身般。當我們處在這種狀態下，我們可能想要報復，或者是將痛苦加在某個讓我們生活變得如此淒慘的人身上。羅馬詩人賀瑞斯[註]形容憤怒就像是「短暫的瘋狂」狀態，在盛怒下的感覺真的就像是發瘋了一樣。當我們大叫「我要把你殺了」、「這會給你一個教訓」或是「現在你要開始後悔了」時，這些字眼都是當時心中真正的感受——而這些古老的表達方式全都是報復與復仇的字眼。

觸發憤怒的導火線可能是一些生活事件，像是我們已經叫小孩叫了三次，她仍然不理不睬；也可能是當我們訂定規矩時，十幾歲的小孩公然反抗我們；其亦可能是綜合許多因素，包括過於

註：賀瑞斯在原文中為 Horace。

疲累而導致勃然大怒。

很多父母親表達了他們因發脾氣而引發的罪惡感及害怕，他們懷疑自己是不是有可能變成施虐者，他們的感覺強烈到讓他們非常驚恐。阿琳描述了她在以下事件中的感受：阿琳告訴她的女兒不要再出門了，但她十歲大的女兒不聽她的話，仍然到隔壁鄰居家去找她的朋友。在極度憤怒下，阿琳拿起電話打給她的女兒，她對著話筒大叫：「現在馬上給我回家，否則你就別想再踏進家門一步。」過了一會兒，當她冷靜下來之後，她對於自己剛剛講那些話感到十分恐懼。她很想知道：「我到底在想什麼？怎麼會說出『別再踏進家門』這樣的話？」「這樣說是很殘忍的事。小愛是個敏感的孩子，如果她把我的話當真，真的到街上四處流浪，那該怎麼辦？什麼樣的父母會對她的小孩說出這樣的話？」

當我們不知道我們還可以用哪些方式來表達憤怒時，我們會不自覺地說出和做出讓我們後悔的事。我們在發脾氣的那一瞬間，會**想要**去傷害那個讓我們陷入麻煩的人——以某種方式來報復，我們會說出或做出一些不是出自真心的事情，或者是在較溫和的心情下不會做出的事情。一旦我們冷靜下來之後，我們就會希望能收回那些話或那些事。

當憤怒帶來傷害

擁有一個三歲小男孩的阿蘭，有次在我班上敘述她脾氣失控的情形。雖然在回復鎮定後，阿蘭有能力扭轉乾坤，但她仍然後悔爆發怒氣。她這麼描述當時的情景：

那是個星期天早上，她決定準備個特別的早餐，給小剛一個驚喜。

小剛（生氣地）：我不要蘋果酒口味，我要巧克力的。

阿蘭：明天再吃巧克力的好不好？

小剛：我不要！〔他把碗、牛奶和所有東西都丟到地上〕

阿蘭（非常生氣地打了他一巴掌）：滾出去！我會被你氣死。

幾分鐘後，阿蘭不像剛剛那麼生氣了。對於剛才打了小剛，她覺得糟透了，因此她走進他的房間——他正坐在床上哭。

阿蘭：我不喜歡打你。對不起。我剛剛失去性子而且有點抓狂。

小剛：下一次我要把你打回來。

阿蘭：當我們生氣的時候，我們不要再打來打去了。讓我們從一數到十，這樣我們就不會打人或丟東西。媽媽們有時候是真的很生氣，而小男生也是。

小剛：你知道我為什麼這樣做，我說我要巧克力的。

阿蘭：從現在開始，我不會再給你驚喜了。你可以選你想要吃的當早餐。

小剛：這是個好主意。

阿蘭（給他一塊海棉）：你何不現在就去把地上弄乾淨，然後挑選你喜歡的喜瑞爾？

小剛（高興地）：好啊！

當小剛把他的喜瑞爾丟在地上以示抗議時，阿蘭因憤怒而變得盲目了。除了回擊小剛外——報復他如此不受教，她想不出她還能做些什麼。她可以做很多事情而不是打小剛，例如：當她正在氣頭上時，如果她先離開屋子等到冷靜後再進來，情況會好轉些。她可以用非常堅定地口吻說：「小剛，我現在對你非常生氣，我不想和你待在同一間房間。」然後離開廚房，給彼此幾分鐘冷靜下來。

一般人常搞不清楚「感覺」和「行為」；他們不自覺的衝動是「我覺得很生氣，所以我就尖叫（或打人）」。因為這個理由，他們為他們生氣的情緒感到愧疚，就像他們為他們生氣的行為愧疚一樣。譬如，一位媽媽在氣頭上時，強烈地希望如果自己沒有小孩該有多好，但稍後此念頭可能會被罪惡感所取代，為自己竟然會去想如此可怕的事內疚不已。但是，想和感覺並不等同於說和做，因此我們必須學會將我們的感覺和行為區分開來。有時當我們允許自己去碰觸我們的憤怒時，這將可提供紓解的功能。有位媽媽告訴我她在A&P超市發生的事。她的小女兒用相當高的聲調歇斯底里般地尖叫，而且她並不打算停下來。此時這位媽媽腦海中出現了一個短暫的幻想畫面，在此畫面中她將女兒放在結帳櫃台上，然後問有沒有人想要收養她。這個幻想讓她笑了出來，剎那間她不再覺得那麼生氣了。

另一位媽媽亦曾經描述當她九歲大的兒子不願意上床睡覺時她有多生氣：「我簡直氣瘋了，我真想將他給肢解了！」

我笑著回應她：「是呀，但是你還是沒有這麼做。」

因此，我們的目標並不是要將憤怒**情緒**從父母親行為清單上剔除，即使我們想要這麼做，我們也做不到。更確切地說，應該是要找到一些方法，讓我們生氣時可以表達自己，但卻不會傷害、侮辱、貶低或激怒我們的小孩，或是引發他們的報復心。

當我們仔細檢視父母親最常用來表達憤怒的方式時，以下這些字眼常被評定為具有傷害性：

我們使用控訴性、指責性或防衛性的言語

你眞是惹人厭——大笨蛋！

都是你的錯。

你怎麼笨得像豬一樣？

你只是個被寵壞的小子——你懂什麼！

我們過度類化或災難化

我不可能再相信你了。

你總是把事情搞砸。

〔台語〕你的後半輩子「撿角去」（沒望了）啊。

我不敢再指望你了。

你永遠不可能成大器。

我們訓誡或說教

我想要直接跟你把事情說清楚……我希望你〔吧啦…吧啦…吧啦〕……從現在起你最好聽清楚我講的話〔吧啦

…吧啦…吧啦〕……現在你要瞭解〔吧啦…吧啦…吧啦〕……我只要留意你的〔吧啦…吧啦…吧啦〕……當我還是個孩子的時候，我從不會〔吧啦…吧啦…吧啦〕……等等。

我們下達命令或威脅

馬上給我過來！

〔台語〕現在你若不「會失禮」，等一下你就「知死」（你若不道歉，你的麻煩可大了）。

〔台語〕你若再「撿」，你就「穩死」或「死得很難看」（你若不停止，你就慘了）。

等一下看我怎麼跟你爸爸說你做了什麼好事！

以上只列舉出一些父母親對小孩生氣時，常見的侮辱性或批評性的話語。當然，我們還會做的另外一件事就是處罰他們。然而大多數時候，我們的處罰都未能達到效果，因為雖然我們心裡想要給小孩一個教訓，但我們並未提供一個有助於學習的情境。處罰常會導致小孩心裡充滿著憤恨，並一直想要獲得公平對待。心理學家愛爾德先生[註]說過一個有關處罰卻導致相反結果的故事。在這個故事中，小女孩一直哭鬧著、做出惹人厭的行為、用力按媽媽衣服上的每一顆扣子；而媽媽那天已經累到快沒電了，覺得

註：愛爾德先生英文全名為 David Elkind。

非常疲倦，對女兒挑釁的行為已忍無可忍。所以她對女兒說：「你最好閉嘴。」然而她的女兒卻學著她的口吻說：「你，你，你」之後還加個「你大笨蛋」、「你蠢蛋」，或一些令人不舒服的語句。此時這位媽媽真的是被激怒了，她把她的女兒關到衣櫥裡（雖然這情景發生在女兒的房間，但那是媽媽的衣櫥）。五分鐘後，媽媽開始覺得內疚，所以她站在衣櫥外，準備將門打開。但是衣櫥裡卻十分安靜，於是她在門外和女兒對話：「你在裡面幹嘛？」她的女兒回嘴：「我在對你的鞋子吐口水，對你的衣服吐口水。」這位媽媽嚇了一大跳，因為她原本希望她的女兒待在衣櫥裡，會對她粗魯的行為感到後悔。她把門打開，但她的女兒並沒有出來，她很不耐煩地問：「那你現在又要幹嘛了？」女兒回答道：「等著生出更多口水。」

我們與生俱來（如同膝反射一樣）因應憤怒的方式，其問題就出在當我們較為理性時，我們通常不會選擇這樣的處罰方式。而且，雖然我們企圖藉由處罰來激發小孩的悔恨之心，但它往往導致報復的情緒。孩子並沒有因而學到任何教訓，但是父母親與小孩都同樣感到生氣與挫折。

如果故事中的媽媽給自己一段冷靜的時間，她就不會將小孩關在衣櫥裡作為處罰。那是氣頭上的行為，而這些行為幾乎都是無效的，或者更糟的是，它們可能具有傷害性。因此，我們的目標是學會如何充分地感受到憤怒，承認它在人類情緒中的合法性，並避免在憤怒的不理性當下採取行動。輔以我們在此書中所討論的技巧，這樣做通常是可行的。

分享我們在**憤怒**中掙扎的經驗

當我開始準備寫這本書時，我設計了一份問卷，然後交給參與我的演講或工作坊的父母親填寫。我相信，藉由想法與經驗的分享來幫助彼此是最寶貴的方法之一。我曾經看過父母親在團體中受益的途徑，因此我想，填寫問卷將是另一個管道，讓父母親得以採用全盤的觀點正視憤怒這個主題。當他們聽到其他的聲音清晰地說出他們曾有過的感覺（曾經覺得很丟臉或擔心），有助於他們以不同的方式來看待自己的經驗。

將近有 100 名父母經由問卷提供他們的看法，填答問卷的父母親代表了各種不同的背景與經歷。整體而言，他們共擁有 186 名小孩：

98 位男孩
88 位女孩

---

70 位嬰兒、學步兒、學齡前兒童
90 位小學兒童
26 位中學學生

在整本書中，我偶爾會引用問卷中相關的反應。問卷填答者自我觀察的真實性，加上我對工作坊中家長們的觀察，將增加討論父母親憤怒的份量。我希望本書將開啟一嶄新的對話，而且，此可能是個創舉，將父母親憤怒的議題搬到檯面上來，如此一來我們就可以承認它的存在，並找到方法解決我們在愛與憤怒之間所面臨的兩難困境。

每天的憤怒

我當父母的能力直接和我獲得睡眠時間的多寡成正比。

——某位參加工作坊的媽媽

阿凱是參加我的工作坊中年輕父親，他會粗略記下他自己兒時的一些痛苦回憶。以下是某天他唸給團體成員聽的部分內容：

媽媽：看看你的房間！簡直就像個災區一樣。我要你把所有的衣服撿起來，鋪好床。還有，我跟你說過*多少次*，不要把盤子拿進來，難怪外面一直都沒有杯子可以喝水。快一點！馬上動手，如果你趕不上公車，那我又必須開車送你去學校。我發誓，我絕不會買你想要的曲棍球球棍給你。

阿凱：但是……媽……

媽媽：照我說的去做！

「一提到曲棍球球棍，我就陷入恐慌。我很快收拾房間裡四處散落的雜物，而且試著擺出很有秩序的樣子（一個媽媽可以接受的秩序）。在十三歲這樣的年紀，我真的想要有自己的曲棍球棍，而不是一定要用學校的——那些不是太大就是太小。我下定決心一定要趕上公車，因此我飛快逃離家門，只聽到媽媽在後面大叫：『阿凱，你刷牙了沒有？』我假裝沒有聽到，然後以跑百米的速度衝上公車的階梯。我做到了！而我的憤怒就在我想到晚上可以去買曲棍球球棍時逐漸消退。」

當阿凱唸完時，他坐了一會兒，眼睛盯著他手中的紙看。最後他說：「真是可笑，我仍然還記得這件事，就好像是昨天才剛發生一樣。我從前真的很怨恨我的母親，她堅持每天早上我必須把房間整理乾淨。這對我來說一點意義也沒有——在一天之中沒有人會進到我的房間，就連我的母親，如果她沒有上樓來，她也看不到我房間的樣子。我認為生活中應該有比維持房間整潔更重要的事。」

我對阿凱笑了一笑。他的故事提供了一個很好的範例，說明發生在大多數家庭裡親子間最常見的對抗與掙扎。他的媽媽想要一個乾淨的房間，但這在阿凱心中卻是他最不想做的。他認為這個不重要，但它卻真的會令她抓狂。我轉向大家問道：「你們之中有多少人會因為你們認為的小事情，像是髒亂的房間、沒有吃完的晚餐、拒絕洗澡或上床睡覺，而和小孩生氣？」這結果可想而知，許多人頻頻點頭，而有些人則靦腆地露出笑容。

我又問：「你們之中有多少人對此感到內疚，因為你們相信憤怒應留給真正重要的事件才能爆發？」更多人點頭。

「嗯……難道不應該嗎？」阿民有點兒不耐煩地問：「我真的一點都不喜歡父母親這樣的身份，尤其當我因為某件蠢事而大發雷霆時，就像是我的女兒小莎，在店裡面不停地吵著，要我幫她買她非常想要但貴得嚇人的洋娃娃。我覺得自己像個潑婦一樣。」

我點頭道：「你擔心這樣的小事竟也能讓你發那麼大的脾氣。大多數的父母親也是如此擔心。」

阿凱承認道：「令我驚訝的是，即使我能如此清楚地記得我對母親囉囉嗦嗦的怨恨，但我對待自己兒子的方式並沒有什麼不同。對我而言，他無可救藥般地浪費時間，逼得我快發瘋了。」

哭哭啼啼與不停地發牢騷、虛擲光陰、髒亂的房間、與兄弟姊妹打架、拒絕上床睡覺，這些都是典型會引發父母親憤怒情緒的導火線。在我的工作坊中，我們通常會花相當多的時間，討論在每天嚴酷現實生活中產生的衝突。父母們常坦誠討論現實生活中的事件，譬如小孩吊兒郎當地拒絕上床睡覺，或小孩在商店裡吵著要玩具，讓他們感覺自己很愚蠢。他們覺得只有為「真正的」問題發怒才是值得的。但是如果你家是個每天都會開炮的戰場，你知道再也沒有比這些抱怨更微不足道了；但這些事件不斷地累積後，會讓你覺得挫敗、內疚，並失去自我控制。

填答問卷的父母親在「每天引發憤怒的導火線」這個主題上看法頗為一致。以下是一些他們提到的生氣情境：

當我必須叫十次，我的女兒才開始佈置餐桌時。

孩子不停地嘮嘮叨叨與哭哭啼啼，尤其當我正要努力做晚餐時。

讓我最生氣的是，剛學會走路的小孩老是四處閒盪——她總是在我最忙碌的時候這麼做。

沒有中斷、令人心煩的聲音——「媽，媽，媽……」

如果我不嘮叨或是用心賄賂他們，我就無法讓他們吃完主菜。

我的兒子永遠都是早上一起床，就拖著腳準備去上學。我們經常爲了他不吃早餐而爭吵，最後總是以我的吼叫收場。

在漫長一天之後，我的孩子們都精疲力盡了，而我也是，然而他們卻不願意上床睡覺。這令我非常生氣！

當我花了一個小時爲他準備晚餐，他卻連吃也不吃時。

那天，當她三心二意，換了五次她想要穿到學校的褲子——而校車隨時都會抵達。

我的兒子經常在我講電話時不斷干擾我，直到我被迫掛掉電話。

在我的工作坊中，我努力幫助父母親對於自己「氣得抓狂」不要有罪惡感，那是非常自然的事；同時我亦教導一些能減少憤怒的技巧，以處理他們所提及每天都會發生的憤怒。我要求自稱「潑婦」的阿民多說一些當時她女兒在店裡想要某個東西的情形。

阿民說：「小莎才六歲大，她實在是個貪得無厭的傢伙。她不停地吵鬧，逼得我抓狂。你必須不斷說『不可以』、『不可以』、『不可以』，這真是會令人精疲力盡。我們一踏入商店裡，她就開始要我幫她買玩具、買書、買芭比娃娃的行頭、買糖果。我的女兒這麼貪心讓我感到難堪。她的慾望就像是個無底洞，除非她擁有了全人類製作的每一樣東西，否則她是不會滿意的——但是如果真的擁有了，然後她會再要求多一點。」

我問阿民：「當她開始那些令人討厭的要求時，你會對她說什麼？」

「我跟她說，她已經有夠多的玩具了，而且不管我買再多的玩具給她，她都不會滿足的。」

我建議她說：「如果你換成這樣說呢：『我看到你非常喜歡這個洋娃娃，但是我並沒有準備現在就買給你。』當然，你接著會聽到一百個『但是』。小孩擁有非常多的時間，可以努力去說服你幫他們買他們想要的東西。他們並不像我們這麼忙！然而，他們有要求的權利，但是你有拒絕的權利。另一個處理的方式是說：『我今天不準備買這個，但是你何不把它放到你的願望單上。』」

「當她問：『為什麼不可以？』我要說些什麼？」

「當小孩要求給個理由時，並不代表你就必須給她。理由只會導致更多的爭論，因為小孩總會努力說服你改變你的心意。那會是個雙輸的局面」

阿民皺著眉頭說道：「不管我怎麼說，她仍然會很煩躁。」

我笑著說：「她當然會。不要期待你的女兒心平氣和地回答你：『親愛的媽咪，我懂了，沒問題。』」

更有可能的是，孩子就開始生氣了，因為當人們要不到他們想要的東西時，往往會令他們抓狂。允許小孩抓狂、傷心或失望，並試著不要太過於批評她想要的東西。阿民也可以這樣對她說：「小莎有權利想要它，我有權利說不。」我喜歡這個說法，因為它傳遞出「她想要東西，她是個不錯的人」的訊息。我們之中有許多人被養育成，如果我們想要些什麼，我們會覺得自己太貪心或太自私。我們的父母親將我們的慾望變成令我們感到羞恥的理由。即使已經成年了，有時候我們仍會很難為情地承認：我們想賺更多的錢、我們嫉妒鄰居有輛昂貴的跑車，或是穿著設計師的衣服。小莎變成一個糟糕、貪得無厭、不知感恩的小孩，只因為她想要她在店裡面看到的所有東西。而阿民身為父母的工作，就是對這些看起來無止盡的慾望說「不」。

我的重點是，我們想要去改變這些狀況，並不是像我們所想的那樣無能為力。學習如何回應的技巧將可帶來不一樣的效果，而且讓我們較不會任由衝動行事。大部分的父母親認為，他們自然而然就知道如何處理生活中的大小事，雖然從來沒有人教過他們該怎麼做。為什麼他們會這樣想呢？我猜想，我們大部分的人都是在非常類似我們在這裡所描述的互動方式的家庭裡長大，在那裡我們不斷被告知，我們想要的東西並不值得如此小題大作。當我還是個小女孩的時候，我如果說：「我怕黑」，我的父母就會回答說：「沒什麼好怕的，上床睡覺去，你只是在找藉口拖時間」；或是，如果我想要一個特別的洋娃娃而要求媽媽買給我，她就會開始長篇大論說家裡已有了三個洋娃娃了，我已經不需要再買了，她還會提醒我說，跟全世界窮人家的小女孩比起來，我是多麼幸運，她們連半個洋娃娃都沒有。而當她說完為何我不該買那個我想要的之後，我仍然非常惡劣地想要那個洋娃娃──不過，我對於自己想要這個東西感到羞愧。

當我們認可我們的小孩有想要東西的權利，以及他們有權利因得不到想要的東西而煩躁時，將可慢慢解除讓憤怒與大發雷霆作為結局的危機。

一位參加工作坊的父親阿輝，說了一個他和女兒小梅在公車上的故事。當他們一上公車，小梅開始放聲大哭──歇斯底里般的哭聲、全身顫抖。當然，每個人都盯著他們看，阿輝覺得自己彷彿置身在舞台上。阿輝坦承，當時他的第一個反應是想把他的小孩「搖」得半死。但他沒有這樣做，他用手環抱住小梅。

阿輝：小梅，你這麼傷心。怎麼了？

小梅（啜泣著）：我把我的指揮棒留在小麗家了。

阿輝：把指揮棒留在小麗家讓你覺得糟透了。

小梅：呃！呃！我要拿回來啦！

阿輝：你想要回去把它拿回來，但是我們現在停不下來呢。公車已過了中山公園了。〔在這裡，阿輝試著跟她講理，雖然此方法通常不太管用〕

小梅：我現在就要嘛！爸爸，拜託嘛！〔啜泣得更大聲〕

阿輝（抱著她）：我知道，我知道。

最後，小梅安靜下來。接著阿輝很自豪地說，公車上有個女人用崇拜的口吻告訴他：「我不知道你是怎麼做到的。你做的每一件事剛好都是對的。」阿輝深有同感地說：「我也覺得自己做得很漂亮。在以前，我會抓狂然後努力地讓她閉嘴，因為我會急於去安撫公車上的乘客，而不是小梅。」

在女兒這一段公車的戲碼裡，如果阿輝帶著憤怒的反應入戲，毫無疑問地小梅將會更加歇斯底里。藉著允許小梅擁有為她忘了帶走指揮棒而感到糟透了的權利——對她而言，這是非常重要的東西，以及藉著使用同理心，而不是威脅，來同理小梅——即使她所關心的是如此微不足道的小事，阿輝獲得她的合作；而且，阿輝對此看起來像是無事自擾的事件採取了非評價的反應，亦讓小梅平靜下來。

憤怒反射器

我有時候會要求來參加工作坊的父母親做一個練習，我承認那有一點被虐待狂的意味：在早餐或晚餐時按下錄音機的錄音鍵，記錄下來你說了什麼，以及你怎麼說。當我的小孩還小的時候，我試過一次，然後我自己簡直嚇壞了。我常常告訴家長們這個具有分水嶺作用的經驗：我發現我並不是自己所認為那個親切、安詳、慈愛的人，相反地，我變成一個優秀的海軍陸戰隊指揮官：**直直地坐好……衣服的扣子扣好……把土司吃完……我告訴你多少次了坐椅子不要搖來搖去……把冰箱門關上……你的手放規矩點……安靜點……當我跟你講話時你要注意聽……你到底在搞什麼鬼？**——這就是我說話的方式，而且說得非常自然。聽到自己在錄音帶中的聲音覺得很難堪，也覺得很氣餒。跟我們在一起的是我們彼此相愛的一家人，但卻聽到我們在早餐的餐桌上——你絕對猜想不到，從我嘴裡出來的都是嘮叨、急躁、批判的口吻，傳遞所有的命令與評論。

我因此感到痛苦，並開始懷疑為什麼我不能以一種比較慈愛或至少比較理性的方式來回應。這樣做不但讓我對著好像聽不見的耳朵咆哮不已——此從來不曾帶來期望的結果，而且令我與我的小孩都感到痛苦。我害怕我嚴厲的語句會傷害小孩的自尊，而我的害怕有著完善的理論根據。未曾抑制的憤怒表達常常導致我們使用負向的敘述，傳遞出我們認為我們的小孩有多麼不可愛。想想看，當我們失去控制時，那些我們常用來表達但聽起來像是罵人的語句：

你又怎麼了？
你是外星人嗎？
你得爲此付出代價！
你永遠都學不會。
你眞是個蠢蛋。
你眞是無可救藥。
你快令我發瘋了。
你眞的很可笑耶。
你是個壞男孩（或女孩）。
你聾（瞎、啞）了嗎？
你有沒有大腦？
在我有生之年，我希望你……
你就不能做件對的事？
我就在這裡等著看，看你有什麼能耐。
你永遠不可能的，臭小子！
你爲什麼不長大一點？
我會被你活活氣死！

當我們的小孩聽我們說這些話時，他們往往視這些話為責罵或攻擊。當我們告訴他們該做什麼的時候，他們會抱怨我們總是加重他們的負擔。當然，我們不認為這是嘮叨或攻擊，我們把這個叫做*提醒*，就像是*有沒有帶報告……帶你的午餐……帶運動短褲？不要忘記你的公車票……不要忘記梳頭髮……刷牙……把衣服掛好*……等等。我們說服自己，一旦他們開始表現出應有的行為，我們就會停止提醒。就像一位媽媽告訴我的：「當小治開始會去撿地上的衣服時，我就不會再嘮嘮叨叨要他去把地上的衣服撿起來。」

說完這些出自好心的提醒之後，我們的小孩若沒有反應或仍然十分健忘時，我們就會十分生氣：「我提醒過你了！你為什麼還忘記？你聾了嗎？你真的笨得像豬一樣？還是你想把我活活氣死？」但是，往往當我們一股腦地發洩完所有憤怒與厭惡之後，我們可能又急著將他們「保釋出獄」，所以他們不需要因為健忘、沒有反應或不小心而感到痛苦或不快樂。我們想要我們的小孩更有責任感，但是有多少次我們真的給他們學習的機會？我們忘了，親身經驗自己行為的後果就是小孩學習最好的方式；使用後果取代爭論及嘮叨有助於小孩的合作性。阿潘來聽我的演講，演講結束後，她告訴我她如何處理她九歲小孩長久以來的遲到行為。

「他總是很晚才出去搭校車。一成不變的是那最後恐怖的十分鐘——總是充滿咆哮、爭吵與哭泣。有一半的時間，他趕不上校車，最後都是我帶著一肚子快爆炸的怒氣載他去上課收場。」

「然後，就像你所建議的，我對小立說，該是他自己對準時搭校車負責任的時候了——也就是說，如果他趕不上校車，如果我可以的話我會載他去上課，但這不並代表我一定會馬上帶他到學校去。小立真的很愛上學，而且喜歡早點到學校和同學玩，所以這對他而言非常重要。很快地，在這次談話後的某個早上，他沒搭上校車；我想他可能是想試探我——看看我是不是會真的會照我的話去做，或者只是個無聊的恐嚇。沒有任何的咆哮、生氣或是相互指責，我做我的家事，包括遛狗、洗早餐的碗盤、整理客廳。然後，我又梳洗與打扮。在九點四十五分時，我開車送小立到了學校，我親了他一下然後跟他說再見。他得因為遲進校門而到辦公室去。從此以後，他準時地準備好搭校車。早晨時光變得平順多了，沒有這麼多的咆哮與挑剔。」

另一位媽媽阿蓮，在我的工作坊中提到她的兒子是「如果不把頭旋緊一點，他連頭都會忘了帶」；她還提到，他兒子一直這麼健忘與沒大腦令她非常挫折。

「上禮拜就有個好例子。那天早上我提醒小基很多次，他還是忘了帶午餐。然後他從學校打電話給我，當時我剛好已衝到門外，因為有個約會已經遲到了。當我一聽到他電話中的聲音時，我開始非常憤怒。他說：『媽，我忘了我的午餐，你可以幫我帶來嗎？』我簡直要抓狂了，但是我覺得我還是得衝到學校去，所以我錯過了我與別人約定的時間。因此，當我帶著小基的午餐抵達學校時，我相當激動；我們就站在走廊上，然後我說：『真該感謝你的健忘，我已經來不及我的約會。我提醒你了，但是你連聽都不聽。這是最後一次，下一次你就得餓肚子。』沒有道歉，他反而因此生氣了，他口齒伶俐地自我辯解道：『我猜想你永遠都不會忘記任何事情——你都是這麼的完美。』」

那麼，你要如何回應這樣的求救電話：「媽，拜託啦，真的拜託啦，你可以幫我帶午餐來嗎？」你可能會說：「我今天剛好沒辦法。」面對這樣的事情，仁慈一點，不要責罵，但是態度要堅定。阿蓮將小基「保釋出獄」，但是他並不感激，亦未從此事件中得到應有的教訓——如果他忘了帶某樣一定要帶到學校的東西，會有什麼樣的後果。

有個八歲大女兒的阿虹點點頭：「我發現，如果我說我不行，只會讓小涵生氣而已，而我也會覺得自己是個糟透了的媽媽。」

小涵當然會生氣，但沒有關係。小孩不喜歡父母親不按照他們想要的方式去做。而聽到「我恨你」、「你好遜」、「你一點都不在乎我是不是會餓」這些話，對父母親而言，真是件困難的事，但掌握要點卻很重要。當父母親趕來營救時，剛開始時可能會覺得好過些，但是讓小孩經驗他們行為的後果，必定是較強而有力的學習方式——所以問題不在於你是不是愛你的小孩；問題是在對事情重點的掌控下，如何讓小孩去經歷自己行為的後果。我知道有位媽媽找到個好方法，可以十分泰若自然的態度處理「你不愛我」的控訴——當她看到她的女兒穿著十分泥濘的靴子正要走過她剛拖好的地板時，她開始咆哮：「小曼，你敢穿著你那靴子走進來，你試試看！出去！」小曼開始邊哭邊叫：「你不愛我。」這位媽媽並未被考倒，她回答：「我們現在並不是在討論愛不愛你的問題，我們在說的是你那雙應該放在門外的髒靴子。」

打敗「糟糕的一天」症候群

幾乎每個人都會在某些時候表現出我所謂的「淹過頭的憤怒」。葛林醫師[註]在他的《內心深處的憤怒》一書中有著這樣描述：

> 結束一天令人挫敗及羞辱的工作回家後，父母親或配偶會找任何理由對身邊較安全且弱勢的人爆發怒氣，而不是直接對導致此怒氣、漠不關心及具威脅性的權威生氣。一個在正常情況下會被忽略的反抗行爲，卻突然演變成暴力性的怒氣發作。

在混亂的一天之後，我們很容易覺得小孩只不過是另一個混亂，另一個想要耗掉我們力氣的人；我們感受到情緒上的脆弱及被利用的感覺。我們渴望有個人關心我們，安撫我們的情緒，可是，不但沒有，相反地，我們還被要求去照顧一個可能也是精疲力盡、要求很多的小孩，而且他的行為簡直是不可理喻。在我們想要擁有片刻寧靜的爭戰中，小孩變成我們的敵人了——當我們疲累時，看事情的角度變得非常不一樣。就像一位媽媽跟我抱怨

註：葛林醫師英文全名為 Willard Gaylin, M.D.，著有 *The Rage Within* 一書。

的：「我覺得我沒有做父母的能量。」這很常見，這句話不斷地從覺得自己有時候已被淹沒的父母親的口中說出；他們覺得已很難照顧到自己，更遑論去照顧他們已經累壞、難以控制及要求很多的小孩。記得將兒子的玩具丟入垃圾箱的阿雪嗎？她對兒子製造的混亂的憤怒因她糟糕的一天而更嚴重了：她對她的老闆很生氣，可是她不能對他吼叫；她將此怒氣留在心中，直到她回到家，她才爆發出來。阿雪用這個方法來發洩她的憤怒，她並不是個不好的人；就像許多經歷了以連環憤怒結束一天的父母親一樣，她找到一個較不具破壞性的出口。

有兩個活蹦亂跳小男孩的阿樹描述了他的挫折。他告訴我：「我愛他們。但是在一天結束時，有時候我最不想做的事就是踏進家裡，被混亂所吞噬。在假日，心情較為放鬆的時候，我沒問題；但是在工作日時，很難不變成食人魔。我太太在家帶小孩，所以她總是迫不及待看到我走進家門，好接管小孩。上禮拜有一天，我進了家門發現我太太在廚房裡淚眼汪汪，男孩們則在客廳的沙發上跳來跳去。由於下大雪，學校沒有上課，所以他們在家裡已經關了十小時。我太太一看到我就叫說：『天啊！你終於回來了。現在，**你**去應付他們。』我開始大聲說我工作有多辛苦，我現在有多累，很快地我們就開始吼來吼去。突然間，我轉過身去卻看到小源，我們三歲大的兒子，就站在廚房的門口，他張大眼睛看著我們，神情嚴肅。他說：『爸爸，你為什麼對媽媽這麼生氣？』我知道我們一定讓他受到很大的驚嚇。我覺得這太可怕了。」

我們很容易理解這位父親在想要表現出自己對小孩的愛，及需要有一點自己的時間之間的拉扯。大多數的人在工作了一天之後不會處在自己的最佳狀態，但通常這是他們可以和小孩相處唯一的時間。我告訴阿樹，在結束一天的工作後——亦即，在脫掉主管的帽子後及戴上父親的帽子之前，他需要休息，這是顯而易見的道理。「如果你沒有休息，你將會帶著工作中所有的精神包袱到晚上來。在週末因為你比較放鬆了，所以你覺得你是一個比較棒的父親。你認為有什麼東西可能會讓你從工作到家裡的轉換更為容易？」

在幾個星期之後，阿樹報告了他的解決之道：「我們在地下室有個小房間，在樓梯的盡頭就是客廳。孩子們前前後後跑來跑去，上上下下樓梯；他們接管了整棟房子，所以家中找不到一個平靜之處。上星期在與太太談過之後，我宣佈了一條新規定。我想到，不只我在晚上開始之前需要一個安靜的時間——我們都需要喘口氣的機會。我的新規定是，當我六點鐘進門時，我會給每個人一個大擁抱，就像以前一樣；然後我會開始轉鬧鐘，設定二十分鐘，這是我們家的安靜時間。男孩們可以做他們想做的事——安靜地玩或閱讀，但是他們不可以打擾爸爸或媽媽，除非是緊急事件。到目前為止，進行得非常好。如果有些小失誤出現時，我會提醒他們這個規定。」

阿樹的決定為他們家創造出一塊平靜的綠洲，並為紓解每天家庭生活的緊張步調邁出了一步。父母親與小孩都需要他們自己的空間，而且一旦阿樹已經使用那個空間，他對親職角色的要求就比較不會產生怒氣與怨恨。有時候一點點的改變，就能在朝向以合作取代混亂的目標走上好長一段路。通常認為不可能建立這種政策的父母親可能會對此結果感到很驚訝——當他們有規律地實行時，它的效果非常好；而孩子們對每天重覆進行的例行事件反應也很好。

記住，小孩也會經驗到「淹過頭」的憤怒，因此有時候他們看起來很不合理的發脾氣，其實是許多事件累積之後的產物。發展心理學家梭特博士[註]稱此為「碎餅乾症候群」：

> 有時候你覺得哭泣看起來相當合理，可是很多時候它似乎與引發的情境完全沒有任何道理可言。餅乾碎掉了，而小孩哭得彷彿她的整個世界也將隨之四分五裂！然而接受此類的哭泣與憤怒，就像是接受更合理的哭泣與憤怒一樣重要，因爲小孩累積痛苦的情緒後，就在由小事引發的緊張哭泣情境裡，馬上一股腦全部宣洩出來。孩子們並不常用言詞説出他們哭泣的眞正原因，而且説出眞正原因對於引發哭泣行爲並不一定是必要的。

註：梭特博士英文全名為 Aletha J. Solter, Ph. D.，梭特博士將此文發表在 *Parent and Preschooler*——專為年幼兒童家長寫的時事分析。

孩子就是孩子

當父母親抱怨一個兩歲大的小孩亂發脾氣、十歲大的孩子已經一百次沒有將垃圾拿出去倒，或十二歲大的孩子對他們視而不見時，我會提醒他們，他們孩子的行為在他們這個年紀完全正常；而聽到我這麼說，父母親通常會感到很驚訝。如果我們牢牢記住，「每個小孩都會經歷類似的階段」時，將有助於釋放某些壓力。克蕾麗女士[註]在她的《撿起你的襪子》一書中，列出了父母親常提及不同年齡階段小孩的一些標準行為：學步兒常見的行為包括四處遊蕩及說「不」；三到六歲的孩子是插嘴與嗚咽抱怨；七到八歲的孩子做白日夢，不做家事；九到十歲的孩子是欺負兄弟姊妹，不做家事，及插嘴；十一到十二歲的小孩會回嘴；而十三歲孩子有早上賴床的問題、忽視父母親所說的話，及常常鬱鬱寡歡。

我們應該預期會有這些行為出現，但不一定要接受它們，我並不會建議父母親因為這些行為很平常，所以就應該去支持他們。然而，這有助於確認行為模式是否正常。當我們看到孩子表現出該年齡典型的行為時，我們往往會被嚇到——例如，我們可能會對一個五歲的小孩說：「你到底怎麼了？你一直哭個不停。」或對十一歲的小孩說：「我告訴你多少次了？要把垃圾拿出去！你

註：克蕾麗女士英文全名為 Elizabeth Crary，著有 *Pick Up Your Socks* 一書。

只想到你自己的需要——你真是個自私鬼！」或是對十三歲的孩子說：「我不懂為什麼你的房間看起來總是像個豬窩一樣？」我們常常對待小孩的方式好像他們是從古至今第一批會做出如此恐怖行為的孩子。在我們的憤怒裡，我們傳遞出「好」孩子是不會那麼做的，但事實上好孩子也會那麼做。我們並不承認這是屬於發展的行為，相反地，我們認為我們的孩子故意做出令我們抓狂的事。

許多父母親發現在學步兒階段特別地困難，所以我常常用一首無名氏的詩來提醒有學步兒的父母親，他們正經歷的事情相當常見；這首詩的詩名是「對你的學步兒該期待什麼」。

他會進入屋裡的每一個衣櫥，
每一扇門，每一個壁櫥。

他不加選擇地
嚐嚐看，摸摸看，嚼嚼看，拉拉看，舔舔看，推推看，
咬咬看，
吞下他伸手可及的每一個細微顆粒——
所有他伸手可及的東西。

他不怕水
即使有3000呎深。
他不知道火的熱能

即使有3000度的熱度。
他不怕汽車及牽引機
即使它們有3000磅重。

他會生氣
忽略
及遠遠爬離你所有的警告
但卻搖搖擺擺進入你心裡。

既然發展階段帶來可預期的行為，那我們需要盡可能知道愈多有關與發展相符的行為，如此我們就不會過度反應了。記住，孩子們可能不會感到羞愧，亦不會因脅迫而改變。成人的邏輯思考裡，我們有時候會這麼想：如果我們能夠說服我的小孩他們錯了，他們就會變得比較好。

我團體中有位女士正與她小孩的幼稚行為奮戰不懈，當她開始回憶起自己童年的一些片段時，她自己看到一道曙光：「我八年級的老師對我非常吹毛求疵，因為在她班上，我不像我的哥哥以前那麼聽話。她會滔滔不絕地一說再說，說她如何不能理解為什麼我不像我哥哥一樣。我知道，她相信如果她說得夠多次，最後就會產生潛移默化的效果，然後我就會改變。但是產生了反效果——每次她提到哥哥的名字，我就覺得很討厭她，我也討厭我哥哥。如果說有什麼不一樣的話，就只是我的行為開始變壞了。現在我瞭解到，當我拿大女兒當模範要二女兒跟著做時，我犯的錯誤和我的老師一樣。」

如果我們能事先將期待說清楚，問題就能得到最有效的解決。我們不能期待孩子們主動地得知規則——兩歲大的小孩並不知道把義大利麵條放進鼻子裡是不對的，除非我們告訴他們。簡短且堅定地條列出指導語是我們的責任，最好是態度自然，而且不批評小孩，例如：「安全帶一定要繫上，而且要在我們出發前就繫上。」或是「在我們家裡面，我們用說的，不可以打人。」如果你知道四歲大的小孩典型的行為是哀鳴，但你無法忍受他哼個不停，那你不妨想想，你可以定個什麼樣的規則來幫助他減少哀鳴的行為。一位家長告訴我她的解決之道，一個非常有效的方法，她告訴她的兒子：「你有三次要求東西的機會，多了我就不想再聽了。」真是非常聰明；她知道她的兒子又要開始哀哀叫，所以她允許他這麼做，但同時她也設了限制。有時候孩子們不知如何去表達他們的需要，除了哀鳴不已之外，所以我們可以教他們還有其他選擇，例如，面對一個哭著說「餅餅，餅餅」的小孩，你可以說：「如果你用大女孩的聲音說，我可以聽得比較清楚。」或是說：「你可以說：『媽媽，請給我一塊餅乾，好嗎？』」

有個四歲大的女兒，說話溫柔的阿珈承認說：「我討厭我們家變成戰場。平常都沒有什麼問題，但是等到我開始要執行規則時，問題就來了。」她笑笑：「這就是我陷入麻煩的時候。但我仍在嘗試中，例如，我規定放學後，三點半以前，小欣可以吃點心，像是餅乾及牛奶；超過三點半之後就不行，因為太接近晚餐時間。所以，有一天，她玩到四點半才進來，她想要吃餅乾，但我說不可以，因為規定三點半之後就不可以吃餅乾了。」

「小欣脾氣來了，她趴倒在地上大叫：『我恨你！我不要吃晚餐，我再也不要愛你了！』」

「我蹲下去，試著用手臂抱住她把她拉起來，但是她把我推開，然後尖叫著說：『我要把你丟到垃圾堆去！』」

「我知道她生氣我不給她餅乾吃，但是我努力不對這件事生氣。我沒有說話，我緊閉著嘴，而且沒有像以往那樣開始，你知道就是——描述所有有關她這樣的行為方式，以及如果她不停止的話她就會被送進房間去等等。我對她說：『你真的很喜歡餅乾是不是？』她說是，仍然哭了一會兒。我說：『我知道為什麼你喜歡餅乾，因為餅乾很好吃。』此時她不再哭了，她有點好奇地看著我。我繼續說：『在三點半以前，餅乾是很好的點心，但是在吃晚餐前吃並不是那麼好。明天，為了確定你會記得在三點半準時來跟我要餅乾，我們何不撥個鬧鐘，以確定我們明天都會記得？』她說好，但還翹著嘴，我說：『我希望你不要把我丟到垃圾堆去，因為如果你這麼做了，我就不能在這裡為你的餅乾設定明天鬧鐘響的時間。』這讓她笑了出來，避開了危機。她說：『好吧，我不會這麼做，我要出去玩了。』」

「有一段時間如果她出現這樣的行為，我會用力打她屁股，然後把她送到她的房間去。但是這個方法更棒了。我沒有投降，但是我也沒有對她發脾氣。而這整個晚上也沒有因為任何事情而完蛋。」

有效的危機管理

阿珍是我工作坊的成員，她告訴團體一件她覺得棒極了的事。她和朋友坐在客廳裡喝咖啡，她的兒子小吉在四周跳來跳去，然後他將咖啡杯撞倒在阿珍漂亮的波斯地毯上。正要破口大罵的阿珍吞了吞口水，然後說道：「我們最好馬上將這裡吸乾。」雖然她很想要大罵小吉如此不小心，但是她克制住自己。團體中的另一位成員非常訝異阿珍的自制力。稍晚，小吉對她媽媽說：「媽咪，我將咖啡灑得你的地毯到處都是，我覺得很糟糕，我真的很對不起。」

想想看，可能會發生什麼事？當咖啡灑出來時，如果阿珍從椅子上跳起來，然後大罵：「看看你現在做了什麼好事！你弄壞了我最好的地毯，你為什麼就不能更小心一點？那個污點再也弄不掉了。我跟你說過多少次不要在客廳跳來跳去？給我回去你的房間。」

小吉可能是什麼反應？他會覺得很生氣、怨恨，並且覺得在媽媽的朋友面前很沒面子。他可能會吼回去：「你比較關心你那愚蠢的地毯，你根本不關心我！」在那當下，他是真的這麼相信。雖然這整件事是個意外，但是阿珍的憤怒會讓事情看起來像是他是個很糟糕的人。

我為阿珍控制了整個狀況喝采，而且我提醒整個團體：「能對自己的小孩做到這部分真的是件很難的事——我先自首我對自己的小孩也會發脾氣。如果我們去回想，當一個大人打翻飲料在地毯上時，我們會如何反應才能有助於處理這種狀況。我們會說：『不用擔心，來，我來幫你弄乾淨。』」但是對我們的小孩，我們的反應是很不一樣的；而且當我們大吼大叫時，我們並沒有解決問題，反而強化了問題。

身為成人，如果我們覺得事情失控時，我們有能力去為當時的情勢注入一點理智。然而，當我們和小孩在一起時，有時候我們卻發現，自己表現得和他們的年齡一樣或者比他們更小些；當他們是這麼孩子氣時，我們好像很難展現出成熟度。但是如果我們能夠善用技巧來化解狀況時，我們會覺得好多了。一個可用的方法是幽默。

有位媽媽告訴我，她發現一個富有創意的解決方法，可以讓她三歲大很會摸來摸去的女兒小儷，早上出得了門。「小儷很喜歡幻想與演戲，所以我可以藉由將她的洋娃娃、玩具、衣服，甚至是她身體的部位擬人化，來獲得她的合作。然後我和她說話就用『那種』聲音——那些東西的聲音，例如，有一天我們就在跑來跑去、設法及時出門到托兒所去時，小儷舞會的鞋子就丟在廚房的中央。我以前會大聲叫她把鞋子拿走，然後她會說不要或者不理我，之後我就開始發脾氣。但是那天早上，我用我最戲劇化的聲音說：『小儷，我聽到鞋子在說話。喔！它說：我們要回家去找壁櫥裡的朋友，我們在這裡好孤單。』我以『鞋子的聲音』繼續說：『喔，是呀，請讓我們回到壁櫥裡，好嗎？』現在，當小儷不想穿上她的鞋子時，我的鞋子聲音就會說：『拜託，拜託。我們好喜歡你的小腳丫，我希望可以穿在你的小腳丫上。』通常這些遊戲就會在小儷的咯咯笑聲中結束，而我所要求的事也完成了；不用像以前一樣，我們兩個吼來吼去，卻一事無成。玩遊戲並不會比完成一連串的『不』花上更多時間。現在小儷會穿上她的鞋子說：『鞋子，現在你喜歡我的腳丫子在你的肚子裡嗎？』而我的鞋子聲音就會回答：『喔，是啊，謝謝你。』令人驚奇的是，小儷會為她的衣服、玩具、牙齒做這些事，但是她就是不肯為我做。」

這位媽媽使用她的創造力，將每天吼叫的時間轉變成演戲的時間。另一位女士阿菲談到，當她的七歲大女兒早上拖著腳，不想要為上學做準備時，她如何努力忍住不發飆。阿菲述說她如何辛苦地努力表現出她所謂的「好母親作風」，並一再忍耐，因為早晨總是家裡面壓力遽增的時刻。當她聽到小儷媽媽的故事後，她羨慕地搖了搖頭：「我真希望用那樣的方式和小宜相處，但是事實上，即使我們早晨有四小時的時間，她仍然還沒準備好。」雖然如此，阿菲仍持續努力。有一天，她帶著一個突發事件來到班上，那是前一個禮拜發生的事，她笑著說：「我決定用一點創造力及幽默感，但是事情並未像我所希望的變得很順利。我可以預測小宜在打扮時又會是我倆痛苦的時刻，所以我把她的衣服放在床上，排出一個小女孩的樣子。我放了高領毛衣、褲子、襪子、小包包，我甚至放了一個氣球在頭上的位置。然後我叫小宜到房間來。事情就這樣發生了。」

阿菲：小宜，你到房間來看看我為你做了什麼。

小宜（進到房間來，看到床上的女孩形狀）：我不喜歡這褲子，它不是舒服好穿的那種。

阿菲（覺得有點兒洩氣，但仍決定要開心點）：你的毛衣我已拿去洗了。明天你可以穿它們。

小宜：我才不要明天穿。我要今天穿！

阿菲：來吧，小寶貝，我們走吧。我們必須準備就緒了。

小宜：我不想去學校。我真無法忍受你。

阿菲（仍然努力想要開心點）：你無法忍受我！

小宜：是的，因為你強迫我穿上我的衣服。

阿菲說：「就在那時，我所有的好意都飛到九霄雲外去，然後我又開始我那老生常談的激烈演說，她要怎麼做都可以，她就是必須穿上衣服，而且她最好快一點。我精心策畫的有趣遊戲失敗了，它就在小宜把床上的人形弄亂及哭泣中結束。」阿菲看起來很氣餒：「我想在創造力方面，我是個失敗者。」

並不是每一種技巧在每一次都管用。有時候當我們費盡心力，額外做了很多努力，但就像阿菲所做的，結果卻失敗了——不管最後是我們抓狂了，或是我們覺得自己是個失敗者。沒有人能夠保證我們特別的努力一定會奏效；而且就算今天有效，明天可能不一定有效。面對這個事實——在某些日子裡，不管做什麼，都是不管用的。可能對阿菲來說，在剛剛的那個事件裡最好的處理方式是，什麼都不要說，然後離開房間幾分鐘，直到她冷靜下來。當她回來時，如果小宜還沒開始穿衣服，她可以提供女兒以下的選擇：「小宜，你想自己穿衣服，還是要媽媽幫你穿？我們要在二十分鐘後離開家門。」換句話說，給小宜一個選擇而不是給她命令。

孩子們不喜歡被指使去做這個做那個，我們怎麼能責怪他們？我們不會去指使其他大人們做東做西。我們不會對另一個成人說：「你為什麼把濕杯子放在我的咖啡桌上？你是外星人嗎？」我們會說：「杯墊在這裡。」但是我們總是對我們的小孩呼來喝去。我的兒子曾經說：「不管你什麼時候叫我去做什麼事，我就偏偏要跟你唱反調。」而且他也這麼做了！當然，我就會很生氣。盡可能以自然的聲調說出我們的要求是較有效的方法，不要讓小孩產生我們跟他們是世仇的想法。不要說「你的衣服總是散落一地，要我告訴你多少次？把它們放在籃子裡。你怎麼會懶散到這種地步？」你可以說「髒衣服是放在籃子裡的」，或是「衣服沒有放在籃子裡就洗不到」。這些反應比較容易引發我們小孩較為正向的回應。

有三個小孩的阿照寫道：「我最小的女兒小書八歲，經常在早上找到令我氣餒的方法。如果沒有對她吼叫，她就拒絕起床，她在廁所裡磨菇半天，無法決定要穿什麼，早餐東挑西揀，忘了她的背包哪裡去了。直到我們要出門的那一刻，我常常最起碼要對她吼叫一次，威嚇要給她不真實的處罰——因為從來沒有實行過，而且我還要為脹痛的頭痛所苦。小書不是充滿敵意而且理直氣壯，就是一把鼻涕一把淚。以下是早上典型的例子。」

媽媽：小書，起床的時間到了。

小書（拉棉被蓋住頭）：還沒啦。

媽媽：小書起床了，不然你會得到一巴掌。〔棉被底下聽不到任何聲音〕現在我說真的囉！我很討厭你這麼做。我叫你的時候你從來不起床。你總是讓我遲到。

小書：我好累。

媽媽：好吧，那麼，你今天晚上六點半就得上床睡覺，然後我們看看明天早上你是不是還會覺得累。

阿照繼續細數與描述女兒不合作的景象——小書不穿衣服，不刷牙，不吃早餐，最後此場景在她與女兒對彼此的喊叫聲中結束。

「對我而言，要去承認這些年來這小孩有個愛嘮叨、尖叫潑婦般的媽媽，真是件困難的事。我想如果我是她，我會搬出去。」

阿照來上我的課一段時間後，她開始有些具體的改變。其中一項是她設定鬧鐘時，會設定比小書需要起床的時間早五分鐘，這樣她的女兒就覺得有賴到床。阿照說：「不一定都行得通，但是它大大地改善了起床時間。有一天早上去叫小書起床時，那真是具有啟發性。」她回憶起當天的情形。

媽媽：現在多出來的五分鐘已經到了，該起床了。

小書（躲在棉被下）：我身上有個神奇的咒語，要破除這個神奇咒語，你必須躺在我身邊兩分鐘。

媽媽：好吧。〔我躺在她旁邊，並等了兩分鐘〕現在神奇的咒語已經被破除了。起來了，我可愛的小公主，你已經從可惡巫婆的咒語中釋放出來了。

小書（笑著從床上跳了起來）：喔，媽咪，你好笨。

我的一個學生阿慈學會使用幽默感，好讓她那快進入青春期的兒子小漢，自行去解決他留在房子裡的混亂。她寫下兩個對話，帶到班上來：一則代表她沒有來參加工作坊之前的處理情形，而另一則代表她嘗試另一個更有效的新技巧。

上課前的對話：

阿慈：怎麼會有你這種這麼懶散的人？我整天辛苦工作，然後就是回到這樣的家？我又不是你的菲傭。現在馬上給我清理乾淨。從某個房間開始，然後將你製造髒亂的每個房間清乾淨。

小漢：喔，聽你在放屁，媽！看看你自己的房間，看看你的梳妝台，你說那個叫乾淨？哈！你自己都不能把自己的東西整理好，為什麼你總是要批評我？

阿慈：你好大膽，竟敢這樣跟我說話！現在你又髒又粗魯。馬上給我清乾淨，否則你就會後悔。

上課後，寫給小漢的信：

親愛的小漢：

家中的傭人正在罷工中，因此，我們需要你的幫忙。吸塵器已插上插頭，爲你準備好了。我們知道你會將工作做得很好。當你把你的房間吸好時，請你洗你早餐的盤子。然後你需要撿起浴室地板上的毛巾，掛好你房間的衣服。當然，經理相當感激你的協助。

愛你的
媽媽與爸爸

「他並沒有完成信裡的每一件事，但是他做了大部分，而且他覺得好笑。現在，有時候當他的房間很亂時，他會說：『我猜經理會要我去清乾淨。』」

另一位媽媽提到另一個狀況是，在與她七歲大的小孩小庭，對於晚上睡覺時間的戰爭中，她能夠有個突破性進展。

小庭：我必須在七點半上床睡覺很不公平耶。我們班上所有小朋友都很晚才睡，我是唯一這麼早上床睡覺的人。他們都到九點才睡。

媽媽：他們的父母親都讓他們待到那麼晚？嗯，我要做我認為對自己的小孩最好的事。〔然後她從容不迫地改變這個氣氛〕如果你可以留到你想睡覺的時間才去睡覺，那麼在這段去睡覺前的時間裡，你要做什麼？

小庭：我要真的很晚才去睡覺，然後整個晚上都要看電視，然後看書，這樣我就真的會很快樂。

媽媽：好，我告訴你，你挑一個週末你真的要很晚才去睡覺的晚上，然後我們可以來計畫那個特別的晚上。

小庭：我要在三月十九日，我的生日那天，很晚才睡。

媽媽（微笑，因為那一天要在六個月之後）：好，讓我們翻翻看三月十九日是不是在週末。

媽媽藉由給予小庭對自己生命的一些掌控而引起她的合作，而且她讓小庭覺得，她的要求並不總是獲得一連串的「不」作為回應。

我警告父母們，即使如我所建議的幫助緩和每天戰爭的技巧，並不是對每個小孩或每一次都管用。但是知道一些可能有用的解決方法，可以幫助父母對於生活瑣碎問題的爭戰較不會覺得無力感——如果某個解決方法沒有用，那就再試試另外一個。

誰是老闆？ 3

這是考試嗎？你們難道不明白，我生活中的某些部分是我想要自己掌控？你們一定要知道每一件事情？下次我去上廁所時，我會寫個報告。

——一個憤怒的十幾歲小孩

當阿惠沮喪地坐在廚房裡等她的小孩回家時，她耳邊響起媽媽經常一說再說的話：「我是老闆。有一天，當你們長大後有自己的小孩，你就可以當老闆。但是，現在，我總管一切，你們必須照我說的去做。」她苦澀地想：「有些老闆應該就像我這樣。」她十歲大的兒子小強，不斷地試探她的規定與限制，違反她的期待。就在早上，她才告訴他——她所用的字眼並非語意不清——要他下課後直接回家，因為在下個星期家族假期來臨之前，她必須完成一些差事，而她需要他的幫忙。

他已先試探性地問過了：「嗯……媽，那群人要在放學後去騎腳踏車，我可不可以跟他們一起去？」

她語氣堅定地說：「小強，我需要你回家幫忙。」然後她想就此停止討論這話題。但是現在已快五點了，小強還沒回到家。再一次，就像最近經常發生的，他又不聽她的話了。她感到自己怒火中燒，心中正盤算著該怎麼處罰她的兒子；但在內心深處，她知道處罰無法解決問題。她的兒子很清楚地讓她知道，不管她再怎麼處罰他，他還是只做他高興去做的事。

當她後來告訴我這件事時，她說自己不想當個食人魔，「但是我覺得小強一再逼我動手。如果我不處罰他，他就會覺得自己可以倖免於責罰；但是處罰卻也從未阻止他再犯。我幾乎已經對此感到非常厭倦了。」

我問她那天小強回家後發生了什麼事，然後她深深地嘆了一口氣道：「他大約在五點十五分左右回來，一臉天真地進門來，當他一開口說：『嗨，媽』，我就像聖海倫火山爆發般大叫：『你到哪裡去了？』他看我的樣子就好像我瘋了一樣，然後漫不經心地說他和朋友騎腳踏車去了。我將拳頭用力捶在桌上，大聲叫說：『我告訴你說今天放學後要馬上回家，我不會讓你這樣違逆我。』他試著要告訴我他忘記了，而這讓我更生氣。我說他是個騙子，我猜我也用了一些其他的侮辱性字眼。當我的先生回到家門口時，我還在尖叫中。」

「那你先生的反應是什麼？」

「喔，老方討厭我和小強爭吵，然後他常常是以責罵我收場，好像他認為我應該可以將事情處理得更好一樣。也許他是對的，但我希望他可以多站在我這邊為我講一些話。那天晚上他帶著厭惡的口吻說：『你們兩個又在吵了？』——好像我們兩個都是他的小孩一樣。稍晚，當我較冷靜下來的時候，我試著告訴老方，當小強挑戰我的權威時，那是多麼令人挫折的事。他覺得我想太多了，接著他說——這些話真的很傷人！——：『如果你，一個三十二歲的女人，還管不住一個十歲大的小孩，是有些問題。』你可以想像得到，誰是我下一個發飆的對象！」

當然，有個會反抗父母威信的小孩真的令人感到挫折，這也會讓我們感到很無助。阿惠必須找到一個安靜而且沒有那麼生氣的時刻，與她的先生好好談談：他們一起聯合陣線出現在兒子面前是多麼重要的事。她也必須瞭解到小孩會去試探父母的權威——這是沒有辦法阻止的。已有數千種方式在挑戰父母親就是「老闆」這樣的想法，而目前僅知，這個想法可以很自然地幫助我們消除一些內心的無力感與憤怒。

阿惠的無助感與憤怒常常在父母親覺得無法掌控小孩的抱怨聲中反應出來。填寫問卷的父母親中，超過一半以上的人在問卷中寫下這些導致重大挫折與憤怒時刻的權力爭奪戰：

我在說某件事時，我的兒子完全聽而不聞，做他自己高興做的事。

我的小孩完全不注意聽我在說什麼。他們不是對我視而不見，就是製造更大的噪音，讓我必須用吼的才能讓他們聽見。

我告訴他們好幾次不要再打架了或趕快去做事，但是完全沒有人理我，這讓我氣得火冒三丈。

我十多歲的女兒表達了她的看法後——她完全不接受我的意見，她就去做她想要做的。她會說「那是我的生活」、「那是我的身體，不是你的」，或是所有說法中最恐怖的「你阻止不了我的」。

我會小心翼翼且合乎邏輯地解釋在什麼樣的場合該做什麼樣的事，但是他們聽不進我的話。他們不相信我所說的實在令我抓狂。

我的大兒子會立刻重覆我剛剛制止他的行爲。

我家老二自以爲聰明的評論令我抓狂。當我對某些要求說「不」時，他就會用諷刺的口吻說：「很好！」

我們六歲大的小孩已經開始說我和我先生在「放臭屁」。如果他被禁止使用他自己的方式，他就會變得非常生氣，而這就是他表達情緒的方式。

親子間有關控制的戰爭是隨著年齡增長而出現的問題。命令只會激怒小孩，並且會一而再、再而三地遭到破壞；理所當然地，當父母親無法控制小孩時，他們就會愈來愈生氣。也許從客觀的角度來看，我們能夠理解為何小孩必須去維護自己的主張，就像父母親必須制定規則一樣；但此並未讓我們更輕易明白在小孩說：「不！」的當下，我們要做些什麼。

當父母親必須面對「我們並不是小孩心目中無所不能的老闆」這樣的事實時，內心會有不舒服的感覺——這是他們自己告訴我們的。「你又不是我的老闆！」卻是許多小孩最喜歡用來激怒父母的父母親觸控按鈕。我們想要做的只是讓我們的小孩知道，我們的判斷來自於多年的經驗，我們所說的就是規定，以及因為我們愛他們，而且我們比他們有更多的智慧，所以他們必須照我們所說的去做（我們也想要他們因為我們為他們所做的一切努力而感激我們）。當他們拒絕接受我們的規定時，我們感到挫折與憤怒，然後就是威脅、處罰、揍人，或是——沒有效果的——讓步或放棄。

阿秀很擔心她那十分叛逆的兒子小榮，最後會變成什麼樣子。「當小榮還小的時候，我們從沒有打過他或是非常堅定地處罰他。他是這麼討人喜歡，因此當他出差錯時，我們會想辦法解決。但是我媽媽總是說：『當他長大後，他就會爬到你的頭上去。』現在他七歲了，變得非常任性粗暴。每當他非常無禮的時候，她的話就會湧上心頭——『他會爬到你的頭上去』。然後我再往後想，當他十一、十三或十五歲時，我懷疑我要如何管得動他。我開始覺得很愧疚，當他還小的時候，我們沒有打罵或是更堅定地管教他；想到這裡真的很令人失望，因為這在幾個月前，似乎還是件易如反掌的事。過去我和我先生都覺得我們做得很對，但是現在媽媽的警告好像就要成真了。」

父母親讓自己的想像凌駕其他想法之上，就像阿秀一樣，是相當常見的。你會想：「我的天啊！如果現在他就已經是這樣子了，那五年後不知道會變成什麼樣子？」但是阿秀所敘述的樣子，是七歲小孩相當典型的行為，此時期的小孩正忙著試飛他的翅膀。這並不是說阿秀應該漠視他的行為，但是她也不應該讓她媽媽的評論摧毀她自己的看法——她認為小榮真正的樣子是怎樣的。

在工作坊中，我們談到更多有關於阿秀的童年，然後她告訴我，她的媽媽是個非常嚴守紀律的人。「我們小孩子絕不會想跟她頂嘴，我們總是很害怕她的反應，她打我們打得很兇，所以我想要給小榮一些不一樣的東西。我想，如果他有較多的自由去表達自己，他可能就不會這麼叛逆。但現在恐怕我錯了。」

今日許多父母親就像阿秀一樣，拒絕提供像他們自己成長、充滿處罰的環境，但是他們對於自己的小孩仍然表現出憤怒及不服管教的行為，感到困惑與失望。他們曾經希望他們比較慈愛的管教方式，可以免除這些無法避免的權力爭奪戰。

有些父母親就是無法忍受從小孩嘴裡說出生氣的言詞，這讓他們覺得他們失去了所有的權威。小孩竟敢用這種方式跟他們說話！如果他們敢這樣子跟他們的父母親說話，他們一定會遭受到嚴厲的處罰。

但是，小孩想要試探我們的底限——在言語及在行動上——是相當正常的行為。對小孩而言，在大人的權威之外建立個人的獨立性是健康的方法，如此他們可找到自己的個人風格。問題是，父母親要如何走在這條微妙且為難的中線上：一邊是允許他們的小孩表達情緒，而另一邊則需維護父母親的威信，並設定必要的限制。以下是一些重要的兩難情境：

如何設定適當的限制——何時該堅持絕不妥協的規則，而何時則可允許有彈性及可協商的折衷辦法；如何讓小孩在一些重要事情上行使同意權；如何協商那些有彈性的範圍。

當孩子們開始生氣，並說些像「我恨你」、「你不是我的朋友」或是（就像某位家長說的）「我要把你丟到垃圾堆去」時，該如何回應。

當孩子們在言詞上反抗權威，說「我不要」或「你不能命令我」時，該如何回應。

當孩子們不遵守規定且執意要去做被制止的行爲時，該給予什麼樣的後果。

這些與權威有關的問題，幾乎是每位父母親想盡辦法要去解決的。倚仗著父母親的身份，那些相信他們已經「掙得」小孩服從性的父母親，仍不斷面臨到一個殘酷的事實——小孩在成長過程中的每一步，都將會挑戰到他們的權威。

誰在當家

當我們的小孩還是學步兒時——在他們剛過了天真無邪的嬰兒階段，控制問題成為最早出現的議題。在人生的第一年，他們很無助且完全依賴我們，然而，次一年他們已學會說「不要！」——此象徵著他們的第一份獨立宣言。他們很喜歡這個詞彙，因為它表達出融合認同與分離後的所有感覺。在此階段，權力爭奪戰經常發生，不管是大大小小的事——從挑食到大小便到過馬路拒絕牽我們的手。

在小孩開始會走路的頭幾年，對父母親而言，要去處理一連串且不間斷的「不要」，及小孩拒絕配合我們的計畫，是非常困難的事。有位媽媽絕望地告訴我說：「小雄永遠學不會自己大小便了！他會包尿布包到上大學！」我笑了出來，因為我想到，在面臨小孩出現新的反抗時，有小孩的人都曾經這樣想過。這些年來，已有數千位父母對我抱怨過他們的學步兒及學齡前幼兒的固執與任性。

小雄的媽媽說：「真令人洩氣，每天晚上睡覺前都要面臨相同的事情。我告訴他，他必須先去廁所尿尿完，才可以上床，然後他真的待在廁所很久很久，感覺起來好像有數小時之久，而且他會不斷地說：『我尿不出來，我尿不出來。』真的連一滴尿也沒有。最後，在忍無可忍之下，我帶他上床睡覺。一個小時後，他哭了，因為他尿床了。」

我建議這位媽媽，如果不要讓上廁所這件事變成權力爭奪戰，可能會比較容易成功。你一旦說：「你要一直坐在馬桶上，直到你尿出來為止。」你已經輸了這場戰役。因為我懷疑小雄百分之九十已能自己上廁所，他現在只是拿此來當武器，以取得控制權。

如果學步兒對每件事情都不會感到好奇、不會想去摸、不把它弄亂，那你就要開始擔心了。但是經常說「不可以」然後聽到對方再回應你「不要」也會讓人精疲力竭。如果你試著先說「好」時，看看會發生什麼事。例如：

「我要吃糖果！」

「好啊，吃完午餐你就可以吃糖果了。」

「我可以吹泡泡嗎？」
「當我們到院子去就可以吹了。」

「我現在要出去玩玩。」
「好啊，你把襪子和鞋子穿好我們就出門。」

你可能會發現，你的小孩原本已全副武裝要來對抗你的「不」了；但是當他／她聽到「好」時，將會較合作地予以回應，即使內在的拒絕仍然存在。

學步兒及學齡兒童可能會經常發脾氣，但他們很想確定，如果他們失去控制，會有個人在這裡幫他們穩定下來，並且幫他們設定界限。雖然他們有著無止盡的對立行為，但是當他們知道有個人會為他們建立限制——那是他們無法為自己建立的，孩子們通常會感受到較大的安全感。（這就是為什麼當父母們問我，當小孩發脾氣時該怎麼辦，我的第一個反應——半開玩笑半認真地回答說：「首先，設法不要跟著發脾氣！」）

幽默是解除權力爭奪戰危機、分散小孩注意力，及「參與」而非直接反對的強而有力方法。我的一位學生講了一個故事來說明這個道理。在抗議聲中，父親正在幫四歲的女兒洗頭髮，雖然女兒一直在抱怨與哭泣，他仍然努力將頭髮洗完。洗完後，她非常憤怒！她摸著閃閃發亮的頭髮，激動地說：「現在我要去找一堆爛泥巴，然後把它們全部倒到我的頭上！」這位父親聽到後並沒有說：「如果你這樣做，我們就得再重洗一次。」他反而說：「喔，不是吧？！讓我們去找一些大象的尿尿，然後把它倒到你頭上！」她捧腹大笑，然後爬出浴缸。

強迫順從

有一天我在班上問道：「有多少人記得當你還是小孩子時，父母親曾經體罰你以作為控制的手段？」大部分的父母都舉起他們的手。

小許是兩個學齡前小孩的年輕父親，當他回想起他十六歲時的某個晚上，被父親打了一巴掌之後，憤怒感覺明顯地再度復甦。「我感受到如此地被侵犯——非常強烈**受傷的感覺**，以致於有生以來我第一次回了手。這件事改變了我們的關係。我壓抑了我的憤怒很多年了；十六年來，他已習慣性地鞭打我與打我耳光。這是我第一次對他說：『喂，你沒有權利這麼做。』」

有時候，當所有其他維護威信的嘗試都無效時，父母親會覺得被迫走到已無其他選擇，只得使用體罰的地步。在我的父母親團體裡，打小孩與打耳光的問題是一直持續進行的主題。許多父母親不願意打他們的小孩，但是他們常懷疑，在某些時候這是不是最後僅存的有效方法。

有個四歲女兒及一個小嬰兒的阿芳說：「我的父母親會打我

的屁股。由於我仔細想過這整件事情——當我不乖的時候，我父母親唯一懂得應付我的方法就是尖叫與打我，因此當我聽到自己尖叫時我會很害怕，我發現我的聲音聽起來就像是我的媽媽一樣。但是最起碼我沒有打小孩。」

「所以，當小孩拒絕服從時，好的處罰方式是什麼？」小許問。

我笑了笑。我總是被問到這個問題，而我通常都直指問題核心。這不是個可以簡單回答的問題。有些小孩只要我們說我們生氣了，或我們很失望，他們就會嚇得半死；但是有些小孩則一而再、再而三地被打，可是他們的行為仍沒有任何改變。我記得有位女士告訴我說：「我的媽媽只要右邊眉毛動一下，我就乖得像什麼似的。」然而你必須問你自己一個問題：「如果我冷靜下來，我還會用同樣的方式來懲罰嗎？」處罰最好的時機並不是在我們氣急敗壞之時，但是我們通常都這麼做。

曾對班上說了許多她的「小怪物」——小倫，四歲大——故事的阿月，聽了之後無助地聳聳肩：「有些行為簡直就是無法接受，像是小倫說粗話的習慣。我覺得我別無選擇，只得重重地處罰他，這樣他就知道不能說了。我不喜歡打小孩，但是我用了其他方法，像是當他說髒話時，我就用香皂洗他嘴巴。」阿月說了事情的經過：

阿月：小倫，如果你再說句髒話，我就要帶你去用香皂把嘴巴洗乾淨。

小倫：幹屁眼！

阿月（提高音量）：小倫，我是說真的！停止那些令人作嘔的髒話！

小倫：幹屁眼！幹屁眼！

阿月：好吧，這是你自找的！（她拿了一塊香皂，放點水在手裡讓它起泡，然後把它推進小倫的嘴裡。）

我問：「你用香皂洗了幾次小倫的嘴巴？」

「好幾次了。我決定我要一直做下去，直到他知道不可以說髒話為止，」她很堅定地回答。

「如果他都沒有學到這個訊息，怎麼辦？如果他愛上了香皂的味道，怎麼辦？」我半試探性地問。許多父母親相信，如果處罰得夠多，最後一定會讓小孩有所改變或肯與我們合作。阿月用香皂洗了小倫的嘴巴，但是他仍繼續說那些粗俗的字眼；而小許記得父親的鞭打只讓他充滿憎恨，並產生報復的想法。處罰的問題並不只是處罰有沒有效的問題——它甚至可能導致相反的後果。體罰也是，當你的小孩反對你，而且你真的對他們非常生氣時，在那個時候你可能*想要*給他們一些痛苦，並讓他們覺得很不舒服。你想要傷害他們。你可能不是要將他們丟到窗外去，但是就像這句話所說的——*給他們一個教訓*。阿月心想，香皂在嘴巴裡是個相當恐怖的經驗，她可能會說：「這該使你學乖了吧！」但是，實際上她到底教了他什麼東西？你是否聽出來，她的話裡暗藏某種報復在裡面？當我們真的氣到抓狂時，許多人會有一股強大的渴望想去獲得公平的對待。我們氣到想去扭轉刀子，或是讓我們的小孩感受到他們讓我們感受到的痛苦。我相信，非常堅定地說

「在家裡不可以使用咒罵的字眼」或是「那些字眼完全不被接受」應該是更為有效，然後小孩可能會跑到院子去非常小聲地罵你，但這沒有關係。此亦幫助我們理解，為何學齡前兒童喜歡用廁所語言作為嚇人的語句——它真的有效，因為我們都被嚇到了。

當小孩挑戰父母親的權威時，即使只在某些小地方，有些父母親仍然會覺得他們被逼到了牆角。他們可能開始時可以很冷靜地給予一個非常簡單的要求，但是當結果未如人意時，他們會傾向於孤注一擲或使用更多暴力。一位六歲小孩的媽媽說了這個故事。

阿麗：小健，你的牙齒該刷一刷了。

小健：我不要刷牙。

「他拿起他的牙刷丟到浴缸裡，我開始非常生氣，因為這情景一再上演。我設法壓抑已經上來的怒氣，我去把牙刷撿回來給他。」

阿麗：你不喜歡刷牙，但是牙齒需要刷乾淨。現在就把牙齒刷乾淨。

「他把牙刷丟到地上，然後說：『不要！』我咬緊牙，並且感覺到我必須弄清楚這個問題。小健必須去看牙醫，他有很多顆蛀牙。」

阿麗：我真的真的非常生氣。一定要刷牙，如果你不合作，我就要打你屁股了。

小健：我不要。

「所以我狠狠地打他，他歇斯底里般大哭。然後他說：『我要離家出走。我恨、恨、恨你！』然後他跑出門。我知道我打他是因為無助感而產生反射動作，但是我不知道我還能做什麼。」

當小健固執地拒絕刷牙時，阿麗的好意及她視自己為「講理的媽媽」的憧憬全都飛到九霄雲外去。所有的父母親都懷有這樣的希望——一旦他們的小孩瞭解了規則後面的理由，他們就會合作。但是人們——也包括小孩在內，並不一定會去做他們知道對他們最好的事。我班上的一位媽媽提供以下的對話——在這對話中，小浩非常清楚地知道為什麼他必須戴上他的牙套。但是他的知道，甚至他也同意他不要長得歪七扭八的牙齒，並沒有讓他更有意願去戴上牙套。

阿樺：小浩，晚餐後你還沒把你的牙套戴上去。這已經是這禮拜第二十次了！

小浩：我討厭牙套！

阿樺（聽得很生氣，所以她將牙套丟過來）：現在，看看，你讓我做了什麼事！

小浩（哭了起來）：你把它弄破了！

阿樺：我不是故意要把它弄破，但是聽到你不戴牙套讓我非常生氣。該死！你知道你必須戴上它。

阿樺對團體說這件事時，她覺得很難為情。不難發現在這段劇本裡，什麼都沒有完成。老實說，有時候我們的孩子會讓我們的水準變得跟他們一樣，或是比他們更低。在她的憤怒裡，阿樺因為她自己的行為責怪小浩，而且可能也有一點嚇到他了，因為他看到他竟然有能力讓他媽媽變得如此狂怒。我與阿樺討論她如何用不一樣的方式來處理這個問題，因為這個問題並未解決，所以一定會再發生。下一個星期她對班上敘述了以下的對話：

阿樺：小浩，你的牙套還在桌上。晚餐後它應該在你的嘴巴裡。〔以陳述事實的口氣，而不是控訴〕

小浩：我討厭牙套！

阿樺：我知道，在嘴巴裡有個牙套一點兒也不好玩。〔承認他的感覺相當合理〕你想你為什麼需要戴牙套？

小浩：這樣我的牙齒才不會歪七扭八。但是我還是不喜歡。

阿樺：是啊，有些事情就是很難去做，即使我們知道它們應該對我們是好的。

阿樺說：「我也打了電話給牙齒矯正醫師，請他跟小浩談談戴牙套的重要性，他請小浩下星期過去檢查。」

在上述情境中，阿樺設法做小浩的同盟者，同時她也很清楚地讓小浩知道，他一定要戴牙套。她也意外地發現，不需依賴威脅或處罰去維護權威仍是可行的；這麼做的結果是小浩表現出更合作的行為。

當我們的小孩違抗我們或表現出不被接受的行為時，我們通常會做出最不可愛的舉動。我想每個人都有兩面：我們有可愛的一面，也有報復心重、不那麼可愛的一面。假如在高速公路上有輛車突然變換車道到我們前面，害我們差點發生車禍，如果我們可以嚴厲譴責——使用我們所能選擇最粗俗的形容詞，痛罵那個駕駛一頓，我們會覺得愉快多了。但是當我們痛罵我們的孩子時，那些話通常會以傷人的字眼作為結束，而我們也並未因此覺得解脫——我們感受到失去自我的控制及愧疚感。這和高速公路上的陌生人不一樣。

父母親總是會問我我對打小孩的看法，而我會告訴他們如果打小孩有效，我們只須做一次就夠了。基本上，打小孩就是一個大個兒使用武力去對付一個小個兒。它會傷害到你的小孩，而且就長期而言，它沒有什麼效果。你可能很幸運地成功讓你的小孩暫時聽你的話、或是停止哭泣、或是做你要他做的事。但是在這過程中，你製造了難受的情緒，而且你並未建立一個你想要你的小孩未來可以遵循的典範。

信任的問題

權力爭奪戰在孩子發展的每一個階段都會發生，但是我們可能在學步兒及青春期階段需要更加注意到這個問題。對我們的孩子而言，在這兩個轉換階段，分離性認同是首要達到的目標。

十幾歲孩子的父母親在他們親職的責任中有個特殊的挑戰，因為試探父母親的權威是十幾歲小孩的全職工作。我記得當我的兩個兒子到達十幾歲的年紀，開始嚴重地試探我和他們的父親限制的規定時，當時我有多驚慌。從某方面來說，我知道這是健康的行為，所以我們稱十幾歲的小孩為「年輕人」，而且我們期待他們開始獨立思考與行動，就像是獨立過程中的一部分一樣；從另一方面而言，我仍然認為我的兒子們非常容易受到傷害——尤其當我發覺賀爾蒙及同儕壓力逐漸增加影響力的時候，我很害怕他們會犯下一些嚴重後果的錯誤。

信任是十幾歲小孩與父母親之間一個很大的問題。當我們的小孩要求更多自由時，同時他們也要求我們相信他們。我們因此被撕裂成兩部分：向他們保證我們會信任他們，及確認說信任並不是表示我們放棄限制他們的權利。有時候他們企圖藉由說謊來迴避我們的權威，而當我們抓到我們的孩子說謊時，我們馬上就會說：「啊哈！現在你知道為什麼我不敢相信你了吧。」當他們不誠實時，有時候我們必須先聽看看他們要說些什麼，而不是一直砲轟般地控訴他們。

在《小孩為什麼說謊》一書中，作者愛肯曼先生[註]將其中一章交給他的兒子來寫。他的兒子小湯寫了一章〈在十幾歲小孩對說謊的看法〉——提供了難得一見的十幾歲小孩內在想法。小湯承認，孩子們最常對他們的父母親說謊以逃避處罰或訓話。但他也指出其他的理由：「我想，孩子們為了想要保有一點個人的隱私，而說了一些不會被處罰的謊。」他寫道：「有一些事情是小孩想要放在自己心裡，像是令他們難堪的事、令他們丟臉的事，以及就是不想讓他們的父母親知道的事。」

父母親發現他們自己在尊重隱私的合理性需求，與同時是個強而有力的保護者之間努力取得微妙的平衡。小湯也承認：「對於我所認識的每一個人，在家庭作業方面已說過好幾次謊……而

註：愛肯曼先生英文全名為 Paul Ekman，著有 *Why Kids Lie* 一書；其兒子英文全名為 Tom Ekman，本書簡譯為小湯。

且對於我所認識的每一個人，都曾因為作弊而說謊，或騙父母親說作業已經在學校做完了。」

阿佩的十四歲兒子小畢，最近都因為一些小事而對她說謊：「我打到辦公室找你，要告訴你說我會晚一點兒回家，但是你不在辦公室。」或是「我太不舒服了所以沒有去學校上課。」阿佩很擔心，不是因為這些謊有多麼嚴重，而是因為她覺得他們之間的信任感正逐漸破裂中。她仔細地想該如何與小畢討論此問題，而不會引發他的防衛心，另一方面卻仍然強調在他們關係中相互信任的重要性。

阿佩：我有件非常重要的事想跟你談談。

小畢：什麼事？

阿佩：最近我真的覺得很沒有把握你是不是都跟我說實話，而且我覺得我對你的信任感已逐漸消失。

小畢（馬上很防衛地）：我什麼時候說謊了？我什麼時候說謊了？

阿佩：目前這些詳細情形並不重要，重要的是，我覺得我無法再相信你對我說的話，我想要改變這個狀況。

小畢：一次說完。

阿佩：我願意接受目前會這樣子，我要負部分的責任，因為我想你不說實話的其中一個理由，應該是因為我反應的方式。也許你很害怕跟我說實話。

小畢：嗯，我在告訴你事情的時候，你真的都一直在大吼大叫。

阿佩：我打算停止那麼做了。

小畢（吃了一驚）：為什麼？

阿佩：因為我非常需要你告訴我實話，所以我願意改變我的反應方式，及放棄因大聲吼叫所帶來釋放的感覺。

小畢：有些事情我可以老實告訴你，但有些事情太私密了。

阿佩：我瞭解。但是不要說謊，只需要告訴我回答問題讓你不舒服就好了，那我會試著去尊重你的感受。

小畢：有時候我真的很擔心跟你說實話，因為我害怕你會很嚴厲地責罵我，然後加更多的限制在我的生活上。

阿佩：我明白為什麼那會讓人冒險去說謊。但是既然我們的關係建立在信任的基礎上，所有我能說的就是，我會試著不要用那些你告訴我的訊息來攻擊你。

小畢：關於這點，我要告訴你一些事情。記得我上禮拜六晚上睡覺前告訴你我胃痛嗎？好吧，真正的情形是我到大賣場去，我知道我不能自己一個人去，所以這就是為什麼我沒有告訴你。有一群帶刀子的小孩開始找我麻煩，因為他們以為我是另一間學校的學生。他們一直把我推來推去，最後我給他們看我的學號，證明我不是他們要找的人。但是上禮拜我太害怕了，所以我不敢告訴你。

這個對話真的非常具有啟發性。阿佩發現，與她原先所想的相反，小畢並不是為了要「倖免於懲罰或責罵」而說謊，而是因為他害怕媽媽會去干涉他想要自己應付的情境，或是她會在他的生活設下更多限制——這是小孩會對父母親說謊最常見的理由。雖然他已被那件事嚇壞了，但是他仍害怕告訴媽媽這件事，因為他擔心她會限制他的自由。

阿佩在處理這個情況所用的方式相當有技巧。她給予小畢更多自我開放的機會，不用害怕媽媽的反彈；而我則欽佩她所展現出巨大的自我控制力以維持她的冷靜，尤其在她兒子告訴她，他在大賣場受驚嚇的遭遇之後。父母親必須在放手與維持控制之間拿捏出一個微妙的平衡。當我們的小孩愈來愈大，我們必須知道一旦他們走出這個門，我們就不再擁有很多權力了；而我們都太專注於十幾歲孩子的行為可能會有什麼樣嚴重的後果。但是即使我們盡可能想提供最多的保護，我們不可能一定能保護我們的小孩免於外面世界的傷害。

十幾歲孩子最常講的一句話是：「我沒有問你，因為我知道你不會讓我去。」這句話令父母親大為光火，因為在邏輯上，他們認為這是叛逆的直接表現。阿葉在工作坊中說到她和十四歲女兒之間的故事，這故事發生在有一天放學後，小莘帶著第二個耳洞回家。

阿葉：我真不敢相信你竟然穿了第二個耳洞！你從來沒有問我可不可以這樣做。

小莘：我都一直想要兩個耳洞，所以我最後決定要這麼做。我知道如果我問你，你會說不可以，所以我沒有問。

阿葉：因為你知道我的反應會是什麼而不問我，這和你公然反抗我是一樣的；這樣也是說謊。現在我覺得我不能再相信你自己一個人去逛大賣場，所以下個月開始我不會再准許你去了。

小莘：我就料到你會處罰我，但是我想了想還是決定去做，即使我知道你會很生氣。無論如何，我並沒有看到我穿兩個耳洞會有多麼糟糕。其他每個人也都有一個耳洞。

阿葉：那不是重點，重點是你故意迴避我的權威。在你被允許和朋友一起到大賣場去之前，你必須讓我看到你可以表現出負責任的行為，讓我再一次信任你。

當阿葉對團體敘說這件事時，她覺得非常挫折：「我知道我對小莘的行為少有影響力。她知道她會惹來麻煩，但是不管如何她就是會去做。我感覺到徹徹底底地無可奈何。」

我們都很同情阿葉的挫折。小莘正處在一個覺得建立個人獨特外貌與風格是很重要的年紀——而且通常這個風格是最不合父母親口味的。相對地，允許她穿第二個耳洞、穿破破爛爛的牛仔褲，或是擦上耀眼的紫色眼影，並沒什麼大害，但卻可讓十幾歲的孩子擁有一些控制感。我想，我們在這裡需要為設限的範圍做個區分：在包括安全、破壞或自我破壞行為、及價值觀的設限，及在穿著打扮的選擇上設限是不同的。

但是阿葉仍然感到困擾：「小莘是個非常乖的孩子，但我不想要當個懦弱無能的人。如果她認為她可以輕易佔上風，我害怕這件事可能會導致另一件事的發生，而且可能會發生更嚴重的問題。現在，我的女兒正處在這個不想讓我知道任何事情的階段。

所以如果出現更重要的問題時，我要如何知道？我恐怕我太相信她了。」

阿葉的想法是對的，而這正是個棘手的問題。身為父母親，你有責任維持小孩的安全——你必須堅持某些安全的規定，像是一定要告訴家人她所在之處的電話號碼，或是堅持她一定要在幾點前回到家，但這樣做並沒有讓父母親更信任外面的世界，他們仍非常注意這個世界可能會發生什麼事情。就像一位媽媽告訴她十幾歲的兒子：「你，我可以信任，而外面那個瘋狂世界正是我所憂慮的。」最好的方法是，依每一種狀況來決定你需要介入處理的關鍵時刻。我的經驗是，如果十幾歲孩子的父母親真的想要影響孩子們對性、喝酒、嗑藥及其他有關問題的看法時，我們可以藉著在一些較不重要的問題上，如將房間整理乾淨、如何打扮或說髒話，稍微放棄我們的堅持的話，那我們就可以在前面提到的那些問題上做得更有效率。

放手

有關控制問題的戰鬥，實際上是我們在想要盡可能長久地緊抓住我們的孩子，及最後終得放手兩者之間掙扎的副產品。父母親常常表達出他們對此掙扎的矛盾心理——譬如他們會說：「我試著培養他們的獨立性，但是當他們爬到我頭上時，我真的很生氣。」或是「我要我的女兒自己做決定，但是我希望她會聽一下及尊重我建議。」

參加我的工作坊已有好幾年的阿曉，談到她看到她十六歲的女兒漸漸地離她愈來愈遠時，她感受到的痛苦。分離的過程帶來許多大大小小的戰役。有一天在工作坊中，阿曉看起來特別痛苦，她說：「早上我們大吵一架。我做得非常好，我自己有個改變是我沒有拉高我的音量。但是我仍覺得非常心痛。」我請阿曉告訴班上她發生了什麼事。

阿曉說：「我要求小瑜放學後直接回家，照顧她弟弟，然後她開始勃然大怒。當我堅持她一定要這麼做時，她作勢要打我耳光，還一直罵三字經。我只是淡淡地說：『你這樣說話會讓你一事無成。我不喜歡你那些罵人的字眼。』我仍然保持冷靜，但是她氣呼呼地去上學，並且很用力地將門『砰』一聲關上。對於發生的事我覺得有點糟，但是我知道我對自己的怒氣掌控得非常好。若是一年前，我會徹底摧毀早上所發生的事。現在，我撿起這些碎片繼續往前走，心裡想著明天又是嶄新的一天。」

「所以，你不再需要小瑜對你的愛了。」我注意到此事。

阿曉陷入沈思：「我猜你是對的。我已不再需要它了。」

「那你就不需要去喜歡她的行為，」我補充說道：「聽起來，你的女兒現在實在是不怎麼討人喜歡，而且你正努力不讓她去挑釁你不能改變的部分。」

阿曉說：「我承認我現在對她非常地失望，有幾個理由：一個是，她現在瘋狂愛上一個男生，而那個男生是那種全世界男生都死光了，再怎麼樣也不會有任何一位父母會挑選給女兒的，沒有人要的那種！要是去年的話，我會說：『天啊，我們要怎麼辦？』今年，我會想也許這經驗對她而言是好的，她可以從這件事學到一些東西。」

看到之前那個可愛的、曾經緊抓著我們裙襬不放的小孩，現在卻變成一個全然的陌生人，捨不得分給我們半點親切的世界，真不是件好受的事。一位打算用笑聲走過傷痛的媽媽挖苦地說：「當我的兒子在家裡走來走去時，我問：『你今天過得如何？』然後他會回答：『不要煩我！』」另一位媽媽也受過同樣的驚嚇，當她打電話回家時，她的女兒正要出門，她對女兒說：『祝你玩得愉快。』她的女兒卻很生氣地回答：『不要告訴我我該做什麼！』」

我的團體中有位媽媽道出了很多人的心情：「當我女兒出生時，我是如此興奮。這些年來，我一直在期待我女兒長大的這一刻，這樣我們就能真的很貼心。我想像自己告訴她我年輕時的故事，提供我對衣服及男生們的看法。但是她幾乎不跟我說話，而且全世界她最不想聽的事就是我的建議。」

就像阿曉一樣，當這位媽媽確定她的女兒並沒有把她當朋友後，她非常痛苦。她的女兒不願意和她互吐心事的挫折，令這位媽媽抓住每一次的機會詢問女兒更多事情。她不斷地努力想要找到方法，以打破女兒不屈服的沈默。

「有一天我們坐在廚房裡，這是最近很少有的共同時光之一。她最近開始和她的第一任男朋友出去，我無意中問起她和小信怎樣了。她非常生氣地瞪了我一眼，然後粗魯地說聲『很好』就走了出去。我跟在她後頭，然後開始大聲吼說，我很討厭被人當做沒有用的東西，我不應該是這樣子的。我是如此心痛與狂怒，但是我的吼叫只是讓她更厭惡。她走進房間然後『砰』一聲關上房門。」

我問：「你的感覺是什麼？」

「淚流滿面，」她承認道。「住嘴、放棄……」她搖搖頭：「好像什麼都沒有用。」

我問道：「你記得當你十幾歲時，當時你對你媽媽的感覺是什麼嗎？」

她想了一下，慢慢地一個恍然大悟的神情出現在她的臉上：「我竭盡所能地讓我媽抓狂。她拼命地想知道每一件事情，但是我就是不告訴她。如果她企圖給我建議或批評我，我會用我最嘲諷的口氣說：『真是感謝你跟我分享這個。』我猜這是很自然的舉動，但是當你在另一頭時，就覺得很傷人。」

我們很容易和這位媽媽的感受產生共鳴。她提供了友誼與傾聽的耳朵，但卻被女兒拒絕接受。她就像某位父親一樣，他描述他十三歲的女兒：「像灰姑娘一樣上床睡覺，像酷斯拉一樣起床。」這位父親抱怨說：「我想要辭去父親這個工作！」渴望成為十幾歲子女的朋友及知己的父母親必須記住，友誼意謂著某種程度的平等，這種平等不只存在於家長與小孩之間。我們的小孩與我們相處的經驗中，我們就是他們生活中規矩與限制的制定者——無法總是與友誼形成一致性的角色。有時候我們必須接受，愛我們的孩子意謂著在他們生活的主要劇本裡，我們扮演佈景的角色。臨床心理學家布魯—費斯貝克先生註1在他的文章中指出：

> 在分離與個體化自然的過程中，一定會有緊張與抗爭。從一方面來說，孩子們尋求一個分離、自我導向的認同。他們想要自己做決定及做一些事；但從另一方面而言，這些自由與責任卻需要付出代價。放掉某種程度的情緒依附及對父母親的依賴是痛苦的。在父母親面前，孩子們呈現出混亂的訊息：需要幫助可是卻又拒絕幫助，想要靠近卻又保持距離，前一刻才剛表達愛與戀慕之意，但下一秒卻又是生氣或是怨恨。

就像吉諾先生註2所寫：「身為父母親，我們的需要就是被需要；身為小孩，他們的需要就是不需要我們。當我們在想要抓住的時候放手，這需要無限的寬大與愛。」

註 1：布魯—費斯貝克先生英文全名為 Jonathan Bloom-Feshbach，此文引自 *Growing Pains*。

註 2：吉諾先生英文全名為 Haim Ginott，參見第一章第十四頁譯註。

小孩與小孩的對抗

我們為什麼不假裝她是點心，然後把她放到烤箱裡？

——三歲大的小孩，談到剛出生的嬰兒

「我的孩子們彼此看不順眼，」阿滿以悲慘的口吻說道，「不管我怎麼做，從早上起床到晚上上床睡覺這段時間，他們總是不斷爭吵與打架」

阿滿有兩個男孩，一個七歲、一個四歲，還有一個十歲的女孩，她參加我的工作坊已三年了。她說：「我覺得在對待小孩的方式上我已改善許多了，但是在這方面我似乎就是無法有任何進展。我的七歲和十歲的小孩不僅有打來打去的壞習慣，他們還會聯合起來攻擊最小的，這真是太恐怖了。」

我要求阿滿說個具有代表性且常見的情況。她說：「我最困擾的是，他們的行為似乎只是單純地想找麻煩。譬如說，我會聽到兩個大的一直欺負小的，直到把他弄哭，像是一直說『阿弟是火雞，阿弟是火雞』，直到阿弟開始哭為止。然後他們就邊唱『貝比，貝比，愛哭的貝比』邊走開。如果我去管他們，他們就對阿弟更壞。但是我無法容忍我不去管他們，因為看到這麼小的小孩這麼可憐，讓我覺得簡直糟透了，我的孩子們故意這麼殘忍真是不對的行為。當我決定生三個小孩時，這種狀況並不是我所期待的；我想要他們相親相愛，但是我不知道為什麼他們做不到。」

阿滿覺得很有罪惡感也很無助，她同時也怨恨她的孩子們彼此如此刻薄相待。我告訴她，她想要去制止殘忍的行為是正確的，但是同時她也必須去接受一個事實是，她不可能一直讓她的小孩總是仁慈地對待彼此。手足間的對立總是讓父母親抓狂，但這是一件很自然的事。「家是最熱切的愛所形成的緊密連結，同時也是最深層恨意慢慢燉煮、即將引爆的場合，」史俊林先生和佛麗漫女士註在他們的《製造麻煩》一書中曾寫道，「除了親子關係外，可能再也沒有比手足之間更緊張的關係了。」

他們提出了很好的觀點。因為家庭是由我們最親密的關係所組成的，可能部分原因來自於太親密了，有時候就會爭吵、被激怒、不同意對方的看法，然後就開始生氣；然而在此同時，許多父母親，像阿滿，會害怕如果他們接受孩子間的憤怒與打架，而不試著居中調停的話，孩子們會忘記他們有一個可愛的家。他們發現自己很難去接受這不可避免的現象——孩子們以一種無止境、不斷循環的方式爭吵、打小報告、嘲笑對方及打架。任何罪行（或想像的罪行）都可以讓他們爆發：「你把我弄髒了啦！」「媽，弟弟瞪我啦！」「她把我的模型弄亂了啦！」「你超過線了！」還有對手足間不同年齡所設定不同限制的抗議，「不公平啦！」

有位媽媽，阿美，曾經這樣告訴我：「我知道我的孩子們彼此相愛，在他們的內心深處非常、非常深的地方。」說完她就笑了，「問題是，這樣的愛從未在外表上顯露出半點來。為什麼他們這麼怨恨彼此？為什麼他們總是對對方這麼憤怒？」大多數的父母並不認為，知道手足間的對立是正常家庭生活的一部分，能對他們有多大的幫助。有位媽媽說：「身為他們的媽媽，我的責任就是去引導他們、教導他們要仁慈對待彼此。當我看到他們無情地對付對方時，我就覺得我必須介入干涉。很不幸地，我的干預及我的教導似乎都被當成耳邊風。」

註：史俊林先生和佛麗漫女士英文全名為 Herbert S. Strean 及 Lucy Freeman，著有 *Raising Cain* 一書。

如果你們家不只一個小孩，你可能能夠對阿美的難題感同身受——你已經十分厭倦你的孩子們總是打個不停、吵個沒完沒了。如果能看到兄弟姊妹們溫和地在一起玩、彼此支持、相親相愛及相互照顧，那是件多麼令人喜悅的事。但是，我們更常看到的是，他們總是在爭戰中。

許多父母在問卷中描述，當他們想到他們的孩子們對彼此做出那些傷人的行為或情緒時，他們內心深處產生的挫折與憤怒感。

> 他們干擾我平靜的心情；當我想要坐下來好好休息幾分鐘時，他們的爭吵讓我不得安寧。

> 有時候他們打得不可開交，而且似乎已失去控制。這時我常覺得小的需要我的保護，但是當我說些什麼的時候，大的就會說我偏心。我的家不應該這個樣子才對。

> 當我的小女兒才剛獲得讚美時，我的大女兒就會對她說：「有什麼了不起？我也會……」然後她就開始吹噓她的某項才藝。當我看到老大批評小女兒，讓她變得非常挫折時，讓我十分心痛。

> 我的孩子們總是不斷地爭吵與打架，他們竟然可以如此壞心眼！在那些吵架時刻裡，我幾乎不想承認他們

是我的小孩。三個小孩都想爭到贏，他們可以吵上好幾個小時。而最糟糕的是，當他們叫我的時候，是要我幫忙去對付其他人。

我們會特別撥出一些家庭聚會的時間來相處，然後他們把這些時間都拿來吵嘴與嘲笑對方。

有好幾次我的女兒很用力推弟弟，結果弟弟跌倒並撞到頭。我很害怕她可能會嚴重地傷害到他。

我總是扮演警察的角色，試著去停止爭吵。我眞的很厭倦這些不斷發生的衝突。

當大兒子對小弟弟很火爆時，我就會很生氣。他總是把他推倒在地，然後小的就會去弄亂哥哥最喜歡的模型及棒球卡，作爲報復。

父母親在敘述孩子們的戰爭時，最常用的句子是「不應該是這個樣子」。他們期待能去除這些永無止境的爭吵，然而，當任何嘗試似乎都無法見效時，他們開始生氣了。

當手足打架時

對不斷爭吵已感到黔驢技窮的父母們，會發現自己常大聲發出沒有效的命令——因為這絕對會被當成耳邊風：

小心一點玩。
不要再說了。
冷靜一點。
你們兩個規矩一點。
給我乖一點。
好好相處。
不要再打架了。
仁慈點。
像樣點。

這些警告實在是太模糊而發揮不了功用，而且它們讓父母們處於加入戰鬥的位置，而不是消除憤怒。

當孩子們打架時，退一步看看發生了什麼事是很有幫助的。想要保持客觀是個很難的課題，因為大部分的父母親深深期盼他們的孩子們變成朋友，期盼他們的家人表現得就像是慈愛的一份子。他們害怕邪惡的力量會帶來影響。有位媽媽透露：「當我想到我的兒子們可能是我一生的敵人時，我就非常沮喪。私底下，我和我的先生稱他們為『該隱與亞伯』[註]。這是個笑話，但不是非常好笑。」就像這位媽媽一樣，許多父母親心中最害怕見到的事，就是他們親眼目睹手足間的對抗行為，但事實上，這是一種自然的動力情形。我們看到手足間很多時候的吵嘴及一人獨大的心態，皆可歸因於他們出乎自然的渴望——想要表達他們的獨特性、想要從父母這邊獲得較好的待遇、想要成為最受寵愛的、不想和別人共享、想要分割出一個獨特的空間，或是獲得贊同。當我們的小孩努力讓我們跟他／她站在同一線上對付其他孩子時，其中一個或一些渴望就獲得滿足。以下這個對話聽起來是不是很熟悉？

在早餐的餐桌上，九歲大的小慧決定要與她六歲大的妹妹小珊，分享她廣博的知識。

小慧：小珊，不是愛麗絲夢遊山境，是愛麗絲夢遊仙境。

小珊：我愛怎麼說就怎麼說。愛麗絲夢遊山境，愛麗絲夢遊山境。

小慧：真是個小貝比。

小珊（啜泣）：我才不是咧！

小慧：喔……給我閉嘴。

小珊（啜泣得更大聲）：媽！姊姊叫我閉嘴。

小慧：報馬仔。

註：在《聖經》故事中，該隱殺害其弟亞伯。

小珊：媽～媽！

小慧：報馬仔。

小珊：小氣鬼！討厭鬼！

媽媽（語氣堅定地）：在這屋子裡不准再說任何罵人的字眼。

小慧：好啊，她是個小貝比。

小珊：我才不是呢。

媽媽：不准再說任何罵人字眼。

小慧：嗯……如果我想說我就要說。

媽媽：不可以。我不能阻止你們彼此鬥嘴吵架，但是在這間屋子裡，大家都不可以罵人。這是規定。

這位媽媽以異常冷靜的態度處理上述情形，並使自己避免捲入姊妹的爭吵中。她真的已透徹瞭解，不管她怎麼做，孩子間的鬥嘴與打架是不可避免的。然而，**她並沒有選邊站**。她很堅定地敘述規則——「不可以罵人」，而且她沒有責罵任何一個小孩。較常見的狀況是，父母親很不智地捲入爭吵中，吼叫著：「不要動你妹妹」……「像樣點，你比較大，你更應該知道要怎麼做」……「不要這樣壞心眼，你妹妹又沒有傷害到你」……「這次又是誰先開始的呀？」

生活的真相是：孩子們很自然地會想在家中取得優勢地位，並往往因此犧牲了較年幼或較弱小的手足。他們會很仔細地觀察對方，並利用任何可以取得的優勢。我還記得我小時候發生過的一件事。我是家裡的老二，我扮演「好女孩」的角色，因為我的哥哥老是出狀況——拒絕吃晚餐、在半夜偷偷溜下床、不做功課。

我哥哥痛恨我表現像個乖乖牌，而且是個告密者，而我也盡可能地讓他惹上麻煩。結果是，他以非常暴力的方式對待我。他習慣將我的手扭到背後，或是把我推倒在地上，然後坐在我的身上。當我們一起玩球時，他會很用力拿球丟我的頭。我很恨他也很怕他，尤其在他對我生氣的時候；他常常對我生氣，因為我比較聽話，也會努力去討父母歡心，而他卻是既頑皮又具攻擊性。現在回想起來，我能夠理解他對我的怨恨是我罪有應得的，我不是無辜的一方，我通常會以狡詐的小技倆逼得他抓狂。我們都應該覺得很愧疚——我必須因故意造成事件的開端而愧疚，而他必須因以暴力相向而愧疚。今天，在這個案例中的兄妹都已長大成人了，我們大多數時間都相處得非常好。

父母親也會抱怨手足間的爭吵讓早晨的危機益形嚴重。我的學生阿雅有個六歲大的男孩和一個四歲大的女孩，她觀察到這樣的現象：「就像蹺蹺板一樣。有時候感覺像是小力和小雯事先設計好要這麼做——他們其中的一個總會十分惹人厭。每一天，我們的早上就像是由不同導火線引爆的定時炸彈：有些早上小雯表現還不錯，但是小力就會開始出狀況，有些早上就剛好相反。」

媽媽（對小雯說）：來，小寶貝，現在該起床了。

小雯：不要！

媽媽（生氣地）：小雯，起來吧！〔我走進廚房，已是一肚子氣，然後我倒喜瑞爾、牛奶及果汁給小力，他聲音甜美並表現得討人喜歡。〕

小力：謝謝你，媽媽。

媽媽：不客氣，小寶貝。〔然後我到浴室很快地洗個澡。當我正在洗頭時，小雯衣衫不整地哭了進來。然後她走進廚房，和她最親愛的敵人開始第三次世界大戰。當我正在洗潤絲時，我聽到……〕

小力：住手！我正在看無敵鐵金剛。

小雯：不要，我要看小蜜蜂。

小力：媽，小雯吵我啦！

小雯：我才沒有！

媽媽（剛沖完澡，覺得血壓上升）：你們這兩個小孩都給我住嘴離開這裡！

小力（很大聲地）：我的比你的棒呆了，你的都黏黏糊糊的。哈！哈！哈！

小雯（哭泣）：我要新的喜瑞爾。

小力：小華今天要過來玩，你不能玩。

小雯：媽—咪！哥哥對我好壞！

媽媽（如狂風暴雨般地走進廚房）：就是這樣！你們兩個小孩都逼得我要抓狂了。小力，今天下課後不准和同學一起出去。你們兩個今天晚上誰也不准吃點心。如果你們再繼續吵架，早上就不准看電視……〔類似這樣的威脅〕

阿雅的抱怨「你們兩個小孩都逼得我要抓狂了」，說到大多數父母親的心坎裡——這是他們的小孩打架時，他們的心情。我們相信，我們的小孩一起結盟來對抗我們——有時候這真的是實情，精湛的團隊工作用來惹毛父母親，而看到媽媽或爸爸爆跳如雷可以化解無聊，拖延生活中不可避免的家事，或是干擾父親或母親少有的平靜時刻（父母親時常提到當他們一開始講電話時，打架就開始了）。有時候孩子們打架是爭取注意力的方法，而且他們努力讓某位大人站在自己這一邊去對抗另一人。阿雅覺得小力與小雯的「早晨戰爭」真的會逼得她抓狂，她說：「我試著要保持中立，但是打架愈演愈烈，直到我必須介入為止；在那當下，我就是一直吼叫著。」阿雅能怎麼做？真是很困難的事，她可以試著不被捲入，並拒絕擔任仲裁者的角色。她可以說：「你們小孩的事自己解決，我正忙著工作。」過了一些早晨之後他們可能會發現，媽媽將不再插手，然後他們可能會決定說，如果沒有任何大人來調停的話，打架真是件無聊的事。

手足間愛與不愛的迷思

我有時候會給班上擔心手足間敵對問題的父母進行一個活動。我會問：「你們之中多少人有兄弟姊妹？」大多數的人都舉起他們的手。然後我會走到黑板前面，要求他們回想在孩提時候，他們對兄弟姊妹的感覺，並且大聲地說出來。

痛恨

厭惡

嫉妒
希望他們從未被生出來
憤怒
怨恨
侷促不安
害怕
強烈地憎恨
暴怒
不耐煩
競爭

他們偶爾也會提到對兄姊的欽佩之意，視兄姊為偶像。另外，他們也會想起正向的感受，特別是忠誠，或是大小孩對小小孩的保護，但此部分感受被回想起的頻率就少多了。當清單完成之後，我要求他們回想他們對兄弟姊妹說的及兄弟姊妹對他們說的具體內容。

你是個貝比。
你是笨蛋。
你不可以玩。
你永遠都是壞蛋。
這是我的，你沒有半個。
你是狗大便。

你是醜八怪。

四眼田雞。

死胖子。

鬼才喜歡你。

愛哭鬼！

老師的寵物。

在一片笑聲中，他們也提供了一長串「粗俗的綽號」，包括豆花姑娘、腦袋裝大便、屁臉、豬腦以及其他的。我的學生似乎很喜歡這個活動，而且他們的清單總是又長又多姿多彩。然後我要求他們給我一些字眼，用來描述他們希望小孩對待彼此的方式，我將他們的反應寫在黑板的另一面。

相互分享

彼此照顧

能一起玩與合作

忠誠

保護地

好朋友

溫柔親切的

照顧與教導弟妹

每個人馬上注意到黑板兩邊戲劇性的對比。我問：「你們能不能看得出來，你自己記憶中的經驗，與你們對小孩的期待，有什麼樣的矛盾性存在？」他們同意地點點頭。當父母親看到自己理想化的期待與日常生活的現實之間有著巨大的鴻溝時，將可幫助他們比較容易接受手足間的戰爭。這也提醒他們，當小孩長大到成人階段時，敵對與競爭通常會減少，並逐漸被親密感與相互支持所取代。

手足間真實的行為與我們對「快樂」家庭——一個平靜與和諧的家庭——所有的幻想正好相反。雖然在我們的孩童時期，我們有自己的經歷，但我們仍執著於小孩應彼此和善對待、我們很少吵架、兄友弟恭的幻像（此幻像來自於電視喜劇，像是「將一切都留給海狸」[註]）。當我們自己的小孩不符合這個理想時，我們就會責罵小孩，因為他們與我們的信念——家庭應該是沒有衝突的——產生負面的摩擦。父母親熱衷於學習技巧以停止戰鬥，但是在學習技巧之前，他們必須先修正他們的期待。

記住，孩子們沒有能力去抑制他們所表現出的那種感覺。許多心地善良的父母親聽到小孩說出殘忍或不仁慈的話時，會設法去否認小孩的感覺，或是將感覺減低到最小。但是當小孩與兄弟姊妹爭吵時，他們需要父母親以承認這些感覺的方式回應他們，而不是說一些像這樣子的話：「你怎麼會對你的小弟弟這麼的小氣？他是這麼可愛的貝比。」

父母親必須接受兄弟姊妹間可能會有嫉妒、怨恨或憤怒的感

註：此齣電視劇英文原名為 Leave It to Beaver。

受，但同時他們也必須限制傷害性的行為。父母親可能會說：「要和別人共有媽媽是件很困難的事。」「有時候你會希望爸爸是你自己一個人的。」或者說：「我知道有時候弟弟讓你很生氣，但是他不應該被打。」

知道什麼時候該介入處理，而什麼時候該讓小孩自己去解決他們的爭執，也相當管用。賓克先生與卡恩先生[註]在《手足關係》一書中寫道：「有些父母親就像是英明的所羅門王一樣，將自己放在小孩衝突的核心，不斷地將自我準備成調停的資源。」但是作者們亦提出警告：「因為衝突為一般手足關係的主要語言，因此父母親的干涉，若時間不對、過度反應、過度涉入，或扮演全知全能的角色，可能會削減小孩及青少年問題解決的能力。」

有兩個八歲雙胞胎女孩的阿娟抱怨她的女兒經常爭吵，吵完後就從她的身邊跑到她的先生那裡尋求支持。「如果我不想理她們，她們就會去找爸爸，然後他會以一種我不贊同的方式處罰她們兩個，或者是他聽到她們在打架，他就會跑去叫她們安靜，停止她們的爭論。這樣的結果不僅在我兩個女兒之間，也在我們四個人之間充滿了無比的緊張。」

我建議小娟去尋求先生的支持。「詢問他的意願，他是否願意和你合作，一起進行你想要嘗試的實驗。當女孩們打架時，先不要去管誰對誰錯、或誰先開始的，也不要扮演裁判的角色；你們可以試試看，不要理她們，讓她們自己去解決她們的爭吵。」

註：賓克先生與卡恩先生英文全名為 Stephen Bank 及 Michael Kahn，著有 *The Sibling Bond* 一書。

她同意了，並在下次上課時報告後續結果。

「星期一下午，放學後，我們聽到女孩房間傳來吼叫的聲音。然後小玲跑進客廳來，而小柔緊追在後。」

小玲尖叫著說：「她踢我！」

小柔吼著說：「她先用拳頭打我！」

「然後她們對彼此吼著『我才沒有』、『你有』等等。我先生坐在沙發上冷靜地看著這一幕，女孩們設法讓他加入她們，但他只是說：『我相信你們兩個可以自己解決。』」

「她們跑進廚房看是否能得到我的協助，但是我說：『我很遺憾你們現在處得不好，但是我確信你們可以解決這個難題。』」

「她們停下來瞪著我看。發生了什麼事？先是爸爸，然後是我。她們轉過身去，然後安靜地（可能因為她們被嚇到了）回到房間去。」

我的另一個學生阿玉，談到當她看到兩個小孩彼此敵對相向時，她有多麼生氣。「兩歲大的小芝常常欺負小鈞，她會踢小鈞，或者拉他的頭髮。那我會說：『不准拉頭髮』。但是有時候小鈞會踢回去，然後拉她的頭髮，然後就變成一場混戰，而我卻無法阻止他們。」

我建議阿玉：「也許你可以使用計時器。你可以說：『當計時器響起時，我就會把你們兩個分開。現在我不能讓你們兩個留在同一個房間裡，這樣太不安全了。』試試看，通常你一將他們分開，他們又迫不及待地想在一起玩。」

一個討論得相當多的問題是當新生兒出現時，小孩們因失去

「受寵的地位」而感到生氣。雖然我們需要去愛我們所有的小孩，但我們也需要去接受小孩們並不一定會彼此相親相愛這樣的事實。對一個嫉妒的兄姊來說，新生兒在他／她的眼裡絕不會是歡樂一籮筐，他／她不會去選擇與他人分享我們的愛。《紐約時報》專欄作家克林頓女士註1觀察到一個極具代表性的幽默與領悟——她三歲大的小孩逐漸瞭解到，那個新加入他們家庭的成員會一直留在他們家：「事情是這樣子的，有一天當小的比較需要我時，我轉身向我的大兒子說：『小新，你知道，我也是小蘭的媽媽。』此時閃過他臉上的，是那種通常在密室發現屍體才會出現的表情：震驚、不可能、驚恐，『那爸爸也是小蘭的爸爸嗎？』他屏息問。當我證實他的想法時，他開始哭了起來——濕潤了雙眼、難過及啜泣。」

作家維爾斯特註2女士在她的詩中「有些事情一點兒意義也沒有」，將此內在的困惑與嫉妒表達得淋漓盡致：

我的媽媽說我是她的小甜心
我的媽媽說我是她的小寶貝。
我的媽媽說我完美無暇
這就是我。

註1：克林頓女士英文全名為 Anna Quindlen。

註2：維爾斯特女士英文全名為 Judith Viorst，這首「Some Things Don't Make Any Sense at All」出自 *If I Were in Charge of the World and Other Worries* 一書，New York: Atheneum, 1981。

我的媽媽說我是她超級特殊，
令人驚歎，棒極了的小東西。
我的媽媽卻剛有了另一個小貝比。
爲什麼？

小孩傷害小孩

經常在我班上被提出討論的主題是，當大小孩以攻擊身體的方式對待弟妹時該怎麼辦。

參加工作坊的一個媽媽抱怨說：「這景象在我們的家中是再熟悉不過了。我正要走進客廳裡，因為那裡傳來尖叫聲，而我會發現我十歲的大兒子小峰，與六歲大的小森在地板上扭打成一團。我開始大聲叫著小峰住手，他正弄痛了小森。但是有時候小峰會說：『我才沒有弄痛他，他喜歡這樣。』真的，小森看起來好像沒有受到傷害，但我並不十分確定。看到大的對小的使用太多肢體暴力，讓我很困擾。」

看到我們的小孩彼此暴力相向，會讓我們怒不可遏。相當諷刺地，我們的第一個反應通常亦傾向以暴力回應。我看到有個卡通將此諷刺表達得很好：小男孩被抓起放在父親的膝上，父親邊打他屁股，邊說道：「這是對你打小弟弟的一個教訓！」以打小孩的方式去教導小孩不可以打人，是個無效的策略，因為小孩從觀看我們的行為學到更多。但是許多父母親承認，當他們看到他們的孩子們打來打去與彼此傷害時，那是他們最容易使用打人與傷人作為回應方式的時刻。這是個常見的難題，他們能怎麼辦？

我想，父母親學會承認小孩有攻擊、負向的情緒，但並不允許小孩使用身體暴力去發洩他們的情緒，是最重要的事。有位媽媽發現一個如果她涉入兩個小孩的衝突時可用的方法。

「有天晚上六點半——對我而言，這總是個糟糕的時段——我和兩個兒子在廚房裡。三歲大的小祥打他二十一個月大的小弟弟，並將他撞倒在地。我覺得非常生氣並想要打小祥，讓他知道被打的感受是什麼。但是我並沒有這樣做，我咬緊牙關以控制自己的情緒，我彎下身來，然後握住他的手臂：『小祥，我很生氣你將小明撞倒在地，我想要揍你。』他開始哭了起來，但我仍握著他的手臂繼續說：『但我不打算這麼做，因為打你會傷害你，這也就是為什麼我要咬緊牙關、緊皺眉頭來阻止我自己。你也必須學習當你想要打人時，你可以做件什麼事情來阻止你自己。』他停止哭泣，開始較為平靜下來。當我得到他全部的注意力之後，我告訴他可以用說的來取代推撞或打人，我們也談到可以找個拳擊用的吊袋，這樣他就有東西可以打了」

有時候，允許你的孩子從手足的幻想獲得滿足是很管用的。每個人都有幻想——就像那個在超市想像將女兒放在收銀台上尋求收養的媽媽，或是那個想要把剛出生的貝比放進烤箱的三歲大小孩。幻想不會有問題，但是真的做了出來就有問題。你可能會對一個用怨恨口氣提到新生兒，或說她希望貝比滾回醫院的小孩說：「你希望媽媽和爸爸都是你一個人的。你不喜歡小貝比哭。你不喜歡媽媽花時間在小貝比身上。我知道，但是不可以打人。」這樣的反應會比你大叫：「你不要去動他！你在幹嘛？你想要幹嘛——把他殺了嗎？」或是「在這個家裡面，只有愛」好多了。像後者這樣的反應只會讓小孩感到困惑與怨恨，因為就在那個當下，她並未感受到愛。

公平的陷阱

孩子們永遠有用不完的公正、道德憤慨及憎恨——當對象是另一個小孩時。當我還是個小孩時，我將自己「好女孩」這樣的角色分割出一部分成為官方記者，報導我哥哥所有的壞行為。如果我們不被允許在床上跳來跳去，但是他在床上跳來跳去，那我的媽媽就會在數秒內知道這件事；如果我哥哥被我抓到他在應該做功課時玩耍，我會馬上去報告這件事；如果他沒有打我那也不足為奇，因為他正忙著躲我。我的媽媽最後阻止了我打小報告的行為，她告訴我不管誰打小報告，那個人就要受到處罰。

孩子們也像裝著天線般一直在捕捉最細微的不公平。他們經常抱怨「不公平」，並將「公平」與「一樣」畫上等號。他們像老鷹一樣地看著你，以確定他們是獲得公平的那一份——完全分到最後一點的餅乾屑，或是擁抱時間的長短。一位媽媽提到她的五歲雙胞胎小孩在學校公平地分得一人一隻金魚的故事。「過了一星期，我發現小佩在哭，原來她的金魚死掉了。我很同情她。我用手臂抱住她說：『難怪你這麼傷心，你跟小金魚感情這麼好，而現在牠死了。』她抬起頭來淚眼汪汪地看著我，強調說：『那不是我哭的原因。我哭是因為我的金魚死了，但是小琍的沒有！』」非常諷刺地，雖然孩子們嚷著要特殊地位，但是他們卻也常常執著於要確實地被公平對待。一位媽媽阿姿與大家分享了以下的對話，此對話聚焦在一個大家再熟悉不過的公平議題上。

阿姿給每個兒子他們最喜歡的東西，一人一個「女主人」杯子蛋糕。

小彥：還剩下幾個？

阿姿：剩下兩個。你們今天吃一個，明天再吃一個。

小彥：小韋不可以再吃了。

阿姿：為什麼？

小彥：因為他昨天吃了一個，但是我沒有。

阿姿：昨天都已經成為歷史了。你們今天一人吃一個，明天再吃一個。

小彥：那麼小韋就會多吃一個耶！

阿姿：不要再算了！

小彥（啜泣）：但是，那不公平。

阿姿：只有你會這麼斤斤計較。小韋都不計較。上禮拜我帶你們去買錢幣糖果，你的袋子比他的大，他都沒有抱怨。

小彥：他不知道。

阿姿：可能吧！但是他得到他想要的，他就很快樂。

阿姿承認這件事讓她感到挫折。她無法忍受她的小孩一直在計算得分，特別是小彥做得有點過分了。她也承認她常常設法讓每件事都相同，因而強化了「公平的陷阱」。

想要給每一個小孩完全相同的待遇不僅是件做不到的事，而且試圖這麼做，將會剝奪小孩的個別性。在父母親管轄得到的範圍內，他們可以試著強調每個小孩的個別性，以協助手足較不會對其他人產生嫉妒心。阿貞是一個兩歲男孩及六歲女孩的媽媽，在工作坊中提供了以下對話，此例可說明平等對待是多麼主觀的一件事。她正和兩歲的兒子玩，她搔他癢並逗他笑，小君走進房間要求相同的待遇。

小君：你會搔我癢就像你剛剛和小祺玩的一樣嗎？

阿貞：會呀——你一上床睡覺，我就搔你癢。

小君：好吧！〔她躺到床上去，阿貞就搔她癢。〕

小君（開始哭了起來）：你剛剛不是對小祺這樣做。

阿貞：是啊，剛剛是這樣啊。我搔他的肚子，然後他就滾到枕頭下面去了，就像你一樣。

小君：不一樣。

阿貞：你是你，小祺是小祺。他笑得好開心，但你卻不覺得這是搔癢。明天在你睡覺之前，我再幫你搔癢。

小君：那不公平。

阿貞在班上唸完她的對話之後，她先自首她覺得這個有關公平議題的例子荒謬至極。「我不想說我必須仔細觀察每一條肌肉的抽搐狀況及其細微差異，以確定他們的感受完全相同，」她說，「而且我也不想對待我的小孩好像他們僅僅是彼此的複製品。」

阿貞掌控全局，但是她對小君仍然覺得未得到公平對待而感到挫敗。父母親必須接受的事實是，孩子們未必會感受到他們的行為是公平的，最好是不要放太多心思在那上頭。「不公平」是手足間的口頭禪，阿貞可以給小君一個擁抱以為回應，並且說「我知道，這對你似乎不公平」，表示收到她的抱怨。

阿淑發現她八歲大的兒子小鳴，常常在早上的時候心情惡劣。他很容易將注意力放在她對待他和六歲大弟弟小弘的不一樣之處。阿淑說：「因為小弘比較小，所以早上他需要更多注意力，我以為小鳴會懂這個道理，但是他卻堅持要嗚嗚哭個不停與發牢騷，將我們每一個早晨變得痛苦不堪。每天早上我起床時心情都不錯，我會想要避免早晨的衝突，如此一來，我的小孩就可帶著好心情上學去。但是早上很少是愉快結束的，因此我對此感到很愧疚。然而我卻不想如履薄冰般去探究怎樣應付小鳴是最好的。」當我要求阿淑舉個例時，她提供了這個典型「不好的開始」的早晨對話。

阿淑：小鳴、小弘，起床了！

小鳴：你把燈打開了，但是我還沒準備好。

阿淑：喔，我來看看。先閉上你的眼睛，等你準備好了再張開。〔離開小鳴的床，走到小弘的床邊〕

小鳴：你愛小弘比愛我多！

阿淑：小鳴，你知道這不是事實。如果你們兩個其中一個發生什麼事，我都會心碎的。

小鳴：不是的！你比較愛小弘。你都幫他穿衣服，但是你都不幫我。

阿淑：小鳴，你已經八歲了。我才不幫八歲的小孩穿衣服。這太誇張了。現在，沒有人想要和一個愛生氣的人在一起，所以你要帶著你的笑臉下樓來。

阿淑承認說：「從這刻起，這一天開始什麼都不對了。而這個例子還算溫和。有時候小鳴為了弟弟而哭得讓我十分抓狂，然後我就開始對他大吼大叫，並叫他滾開。當時他會覺得很受傷，然後就說些像『看吧！我說你一點兒都不關心我』。然後我必須道歉，好讓事情回到軌道上。真是一團亂。」

小鳴挑戰阿淑對弟弟的愛讓她完全陷入困境中。因為他的抱怨是如此不理性且沒有現實根據，因此讓她難以全副武裝來應付他們。我提醒她，真正的問題並不是出在她對小鳴的愛，而是一個非常實際的問題：如何叫小孩起床，然後進行早上的活動。我建議她可以全神貫注於避免讓同儕競爭變成焦點的方法。幾個星期之後，阿淑帶回她的報告。

「上一次小鳴帶著生氣的情緒起床時，我把他的衣服送到房間後就離開。我沒有加入爭論。我說：『一旦你心情比較好時，我們可以來談談。』然後我就下樓去準備早餐。我覺得好多了，而當小鳴下樓時，他居然向我道歉。」

我對阿淑處理小鳴抱怨所用的方法印象深刻。因為嘗試藉著**告訴**他們說我們對他們的愛都一樣來說服他們，絕不會有用；也許這是因為他們每一個人都想當最被疼愛的那一個，而不是想要被愛得一樣多。

與同儕相處的困難

對立不僅存在於手足間，亦存在於孩子的友群之間。許多父母談到當他們看到孩子們的互動中，似乎有種與生俱來的殘忍時，內心是多麼的心煩意亂。

我團體中的一位媽媽阿寶，描述了當她女兒因為某一群女生不讓她加入而哭著回家時，她有多憤怒。她說：「每一個群體都是基於將某些人排除在外而組成，而當你的小孩就是那個被排除在外的人時，那真會讓你血脈賁張。在我女兒這個事件中，我當下的反應就是對那些傷害我女兒的小孩感到非常憤怒。」

阿寶想要她的女兒小依能被其他女孩所接納，並覺得自己還不錯，而且她想要傳遞的訊息是她站在女兒這一邊。但是如果太涉入女兒的問題，她覺得這將會在某些層面上造成傷害，她說：「這在小孩之間是很常見的問題，因此小依必須自己去解決這樣的問題。但是我提供了一些她可以接受的同理心，還給了她一份很棒的點心，然後我們就坐在廚房的餐桌邊。」

媽媽：我猜，當那群女生要去溜冰卻沒有邀你時，一定讓你深深受到傷害。

小依：我討厭她們。她們這麼小氣，我希望她們都摔斷腿。

媽媽：有時候人們會做出一些傷害別人的事情，即使他們不是有意要這麼做。

小依：應該有人去阻止她們，這樣做不好。

媽媽：我看得出來你對這件事十分生氣。

小依（哭泣）：沒有人喜歡我。

媽媽（裝出來的震驚）：沒有人？

小依：嗯……可能一個或兩個人……

媽媽：嗯……

小依：啊……我也不是真的那麼討厭那些女生，我只是希望她們能再對人好一點。

媽媽：我記得當我三年級時，有些女生不願意讓我加入她們的俱樂部。這真的很傷人！所以我可以瞭解你為何會覺得糟透了。有時候事情就是這樣。

小依：她們太臭美了！

媽媽：喂，我下午必須進城去，你要跟我一起去嗎？

小依（從椅子上跳了起來）：不用了，沒問題的。我要打電話給小玲，看她要不要跟我一起去騎腳踏車。

阿寶允許小依發洩她的情緒，卻沒有掉入父母親最常見的陷阱——亦即，公開攻擊對她女兒不好的那群女生，或是暗示小依做了某些事導致這些反應。有時候，其實不是故意要這麼做，父母親因涉入太深，而建議了一些他們為什麼會有交友困難的理由，反而增加小孩的痛苦。以下是典型責罵受害者的例子：「你應該再努力試試看」或「可能你對他們不好」。有些父母親可能試圖要強化這個議題，例如，阿寶可能會說：「應該還有一些人喜歡你。你為什麼不打電話給誰誰誰？可能她會出來和你玩。」此反應將使小依必須當場證明她有朋友，或者讓她更加相信，因為她沒有更受歡迎或是成為群體中的一員，而讓媽媽失望。阿寶在提供支持的同時也保持了適當的距離。小依真正需要的是對一雙傾聽、不評價的耳朵，讓她可以說出她的情緒。當小依完成這些事時，她已完全復原，並可以找另一個朋友出去玩。

在帶領教師的工作坊中，我學到許多技巧。教師們每天須處理孩童間的憤怒及造成分裂的衝突事件，而許多教師已學到許多技巧來幫助孩童處理他們與同儕之間的關係，而不須選邊站。我喜歡在幼稚園任教的林老師處理下列情況的方法。

小群（在遊戲區跑向她）：小安說我是貝比，還叫我上床睡覺。

林老師：你不喜歡小安罵你。

小群：我不喜歡。我不是貝比，我也不要上床睡覺。

林老師：你想你可以對小安說什麼？

小群：我要告訴他我不是貝比。

林老師說小群踩著整齊的步伐去告訴小安這些話，然後他們兩個又繼續玩在一起。接下來的幾個禮拜，她注意到小群已較少跑去向她抱怨；有一次她無意中聽到小群跟小安說：「我不喜歡你罵我。如果你再罵我，我就不當你的朋友了。」林老師觀察到：「小群需要我去認可他的情緒，幫助他仔細思考不要失去好朋友的行為。我發現允許孩童以我作為中間者，去解決自己的問題，將可幫助他們對自己的行動產生控制感與愉快的感受。當我扮演不評價的共鳴板時，孩童通常會覺得有能力去解決自己的問題。」

在每一個年齡層的孩子裡，總有一些特別突出的小孩，就像我們所謂的班上或遊戲區的魅力領導者。這些孩子擁有無比的權力，他們僅用一個輕蔑的表情或是一個無情的字眼，就可以讓其他人過得很痛苦。在我們的童年時代，我們都知道這樣的人，而我們的小孩也必須和這樣的人奮鬥。工作坊中的一位老師敘述她如何處理這樣的情況——班上其中一位領導者發揮相當大的影響力在比較沒自信的同學身上。

小立非常苦惱地到老師身邊來。

小立：老師，小澔說我是大肥豬。

老師：我瞭解這會讓你有多苦惱，但是你不想要讓他的話讓你心情不好，不是嗎？

小立：他也說我爸爸是大笨蛋。

老師：聽起來他企圖要惹你生氣。照我看來，你是個非常帥的年輕人，而且我見過你爸爸，我知道他非常聰明。如果你想要的話，你可以告訴小澔我說的這些話。

小立離開去找小澔說話。過了一會兒，老師把小澔叫到一旁。

老師：我聽到你的朋友抱怨說你最近讓他們很不快樂。

小澔（無所懼怕地微笑）：我知道，我喜歡這樣。

老師：我不同意你嘲笑別人，但是我仍然認為你是一個很棒的小孩。然而，其他人會怨恨你，看到你的朋友都不喜歡你，真的讓我覺得很遺憾。我喜歡看到你擁有很多朋友，而且很快樂。

小澔（羞怯地）：啊……

老師（帶著燦爛的笑容）：小澔，老師對你有信心。

有些父母說，他們最生氣的時刻是他們的小孩與朋友在一起的時候。有位媽媽說：「我確信小宇的朋友認為我是巫婆，因為不管什麼時候他們來家裡玩，我總是在吼叫。但是小宇和朋友在一起時就變得很瘋狂，他玩得很野、很吵，而且不尊重我，讓我常常會落到以發飆收場。譬如，上星期有一天，小宇請同學過來，我帶他們去出吃比薩。在餐廳裡，小宇開始賣弄，而且對我很不禮貌。我判定他試圖要用這些勇敢的舉動讓他的同學印象深刻。當時我沒有說什麼，只是瞪了他一眼。稍晚，當我們送他的同學回家後，兩人獨自在車上時，我破口大罵。他們剛剛在車上玩得無法無天，我的頭痛得像要裂開一樣。我開始對小宇大吼大叫，然後他氣極了。當我們回到家，他下車時用力甩上車門，還吼說：『你是大笨蛋！』進到家中，我跟著他後面尖聲叫罵，而他也尖酸刻薄地尖叫回罵——這是我最痛恨的：『好啦好啦，從現在起，我絕不會再有任何樂趣。我絕不再笑。這有沒有讓你覺得很快樂？』」

我們加以討論，如果小宇的媽媽下次再遇到這樣的情況時，她可以做什麼或需要做什麼？我建議她可以再試著等久一點，直到她冷靜下來，然後跟小宇談談以下這些內容：「小宇，我知道當你和朋友在一起時，假裝不用聽媽媽的話這樣很好玩，但是你無禮的行為讓我完全無法接受。當你在你的朋友面前取笑我的時候，你認為我會怎麼想？你知道，我不會在你的朋友面前說令你難堪的事。」稍後單獨與媽媽在一起的時候，小宇可能易於接受這樣的說法，但是這樣的討論不可能在憤怒的當下進行。

具同情心的干預

即使在面對同儕與手足的難題時，我們常常得到要我們退居幕後的建議，但是有時候，他們需要我們的協助以找到適當的反應。阿彩參加我的工作坊已很久一段時間，提到她與十歲大女兒小萱的一段對話。小萱剛參加完過夜晚會回到家。

小萱：我要告訴你過夜晚會中發生的事。那真的讓我很煩。

阿彩：你要現在說嗎？

小萱：不要現在。

阿彩：好吧，那等你準備好了你再告訴我。你不會忘記吧，會嗎？

小萱：不會。

〔過了一會兒〕

小萱：我現在要說了。

阿彩：好啊。

小萱：我覺得很丟臉也很不好意思，不要告訴別人！我想我真的傷害到小傑的感情了。〔小傑是她朋友的弟弟〕昨天晚上我們都在吃點心時，我說——就是突然想到——「誰對小傑恨之入骨的，請舉手」一說完，我就覺得很抱歉我會這麼說，但幾乎每個人都聽到了。坐我旁邊的女生接著說：「她說，討厭小傑的人舉手。」然後很多小孩都舉手了。就是這樣。我說完了。我覺得好多了。

阿彩（非常驚訝，但是設法控制住自己，不批評）：你一定覺得羞死人了。可憐的小傑！

小萱：我覺得好害怕，我甚至不敢說。我希望小傑現在已經忘記這件事了。

阿彩：真的嗎？

小萱：結束了。他可能不再想這件事了。

阿彩：有可能，但是你還在想。

小萱：我再也不要去小芳家了。我要等個一年後再去。

阿彩：不過，這件事聽起來好像忘不掉。我現在得走了，但是你可以想想看，還有沒有其他的選擇是你可以做的——像是打電話給小傑、寫個字條給他，或是任何你想得到的。

小萱：媽，結束了。

阿彩：想想我說的話。

〔隔天晚上〕

阿彩：我們必須談談小傑這件事。

小萱：看吧，我就知道我不應該告訴你。

阿彩：寶貝，我可以瞭解為什麼你寧願忘掉這件事，但是這是件重要的事，所以我們需要談談。我覺得這件事你是有選擇的。你可以對發生的事感到非常不舒服，然後什麼事也不做，設法去逃避它，然後將不舒服的感覺一直放在心裡；或者你可以打電話給小傑或他的媽媽，你可以解釋或道歉，然後得到完全的解脫。

小萱：我不能打電話給小傑。

阿彩：那麼打電話給他的媽媽，她會告訴他。你要我幫你撥電話，然後你跟她講？

小萱（驚惶地）：不要！喔……好吧。〔阿彩撥了電話，並和小芳的媽媽寒暄了一下，然後將話筒遞給小萱〕

小萱（發抖與緊張）：喂……我打電話是因為我覺得我對小傑說出很可怕的話。我原本是想開玩笑的——但是它卻不是這樣。好……拜拜。〔她掛掉電話〕她說打電話需要很大的勇氣。

阿彩：她說得對！你一定感覺到放下心中一塊大石頭了。現在**真的**結束了。我敢打賭，你現在一定為自己感到驕傲。你做到了甚至有些大人都覺得很困難的事。

這是一位很有技巧的媽媽，溫和地給她的女兒上了一門有關仁慈與價值的課，但沒有給任何教訓。阿彩可能很想說（但一點兒幫助也沒有）「這太恐怖了」（小萱早就知道了），或是「你應該覺得很丟臉」（她已經覺得了）。小萱需要的是不評價的指導，而這就是阿彩所做的。

小孩通常不願意透露他們和同儕之間的秘密給父母親知道，

但父母親卻常常渴望盡可能知道更多的細節。「我相信我的小孩」一位父親解釋道，「但外面的世界又大又糟糕；我們的小孩曝露在毒品及暴力之中，還有一些我們小時候從未碰過的娛樂方式。」他會這麼想是理所當然的，但是我相信解決之道並非勒緊控制，而是給予強而有力的指導。在史考特女士[註]非常棒的一本書《應付麻煩的超聰明反應》中，她為五到十歲的小孩條列出一些很好的方法，去避免同儕負面的壓力，關心小孩是否有能力應付同儕壓力的父母親可以參考史考特女士的書。書中，她提供了許多有用及有效的選擇——文字與行動皆在內，小孩可用來閃避去做某些可能讓他們惹上麻煩的事與壓力。

我們可以是有效的指引與幫助我們的小孩在同儕關係——不管是手足或是朋友——這條棘手的道路上巧妙前進。雖然他們所在的世界我們無法完全進入與駐足，但是我們可以在這條路上提供穩定的協助。當他們與兄弟姊妹打架時，或為了與同學之間的互動而心煩時，我們無法解決他們的問題；但是，我們可以協助他們成為自己的決定者及問題解決者。

註：史考特女士英文全名為 Sharon Scott，著 *Too Smart For Trouble* 一書。

獨自進行

如果父母親正要離婚而不想驚嚇到孩子的生活，他們應該讓孩子遠離正在發生的事……他們不應該讓孩子痛苦……或想盡辦法讓孩子對另一位父母產生怨恨之心。

——一位父母離異的十五歲小孩[註]

註：此段文字摘錄自 Jill Krementz 所著的《父母親離婚時的感覺》（*How It Feels When Parents Divorce*）。

阿南和她的前夫老吳已經離婚七年了。這是個苦澀的分手，因為阿南並不想離婚，但是老吳卻十分堅持。阿南已經調適得很好了——雖然花了好幾年的時間，她才接受她的婚姻已經結束的事實——但現在她卻開始抱怨老吳的態度讓她想要不生氣也難。「為了我們十一歲的兒子小展，我願意先放下我自己的情緒，但是老吳卻連半句話也不跟我說。他單獨和小展訂好一些計畫，也不知會我一聲，我從頭到尾都不知道他們的計畫是什麼。我必須想辦法不要讓小展接觸這些計畫，而且如果它們妨礙到我自己的行程，看起來是不會有人在意的。稍晚，我發現自己因為這件事而對小展大發雷霆——我知道這樣做不對，很明顯小展夾在我們兩個中間，後來我決定我必須誠實地來和我兒子談談這件事，想辦法直接解決這種狀況。」

阿南：小展，對於去見你爸爸，我們之間需要訂定一些基本原則。

小展：什麼？我告訴過你，爸爸星期五會來接我，然後這整個週末我都會跟他在一起。

阿南：我知道，你今天早上告訴過我了，但是星期四早上才知道這件事太晚了。你看，我必須整理家裡、處理各種事情、安排我們兩個的行程，我所要求只不過是請你尊重我們兩個住在一起，而且我必須照顧你這個事實。但是你在訂定計畫時，都不事先徵詢我的意見，這顯示出你一點也不尊重我，尊重我也有自己的事情要去處理。

小展：好吧…好吧…

阿南說：「我知道他不想跟我談下去。我承認我對他感到有些抱歉，談這些對他來說是很不舒服的，但是因為他爸爸不直接跟我談，所以除此之外，我就不知道我還能怎麼做。我很討厭將小展夾在中間，這樣看起來很不公平。」

阿南的抱怨只是我從參加工作坊的單親父母（大多數是母親）那裡聽來的一長串不愉快故事中的一個。聽他們訴說的時候，心裡對他們竟有能力應付這一切感到不可思議。他們的生活裡似乎充滿了混亂的訊息、被破壞的承諾、激動的爭吵，及不友善的孩子們，而且母親們常因失控的局面而被孩子指責。她們非常激動地說——通常是忿忿不平，想要維繫每一部分是多麼困難的一件事，尤其通常都是由她們擔負起大部分（如果不是全部的話）養育小孩的重責大任。

最近我組成一個單親媽媽團體，團體討論焦點更明確放在她們所面臨的問題上，及她們如何處理她們的憤怒。聽到這些媽媽所言，大家絕對猜想不到我們這個時代的婦女真的得到任何解放。所有這些女士們皆是她們小孩的主要照顧者，即使在共同監護的約定下，這些女士們說她們仍得執行所有採購衣物、預約醫生看診時間、帶小孩去剪頭髮等重要工作；當學校打緊急電話來時，幾乎都不是父親離開工作崗位去接小孩。共同監護並非完全的「共同」，真的是很不公平。

我是一個從未被必須獨自撫養小孩打敗的人，對這些媽媽們如何去掌控她們的生活，以及她們在孩子養育上所展現無比的力量與責任感，印象非常深刻。然而她們的故事以一種非常真實的方式說明了，悲傷而妥協的人們常常是不得不如此撐起一個家——而此與理想且真實的家庭生活相距豈只是遙遠而已。

理想的破滅

當我們結婚時，我們知道我們許下了一個被祝福——自古以來即被視為正確及理所當然——的承諾。我們離開了出生的家庭，而開始了一段建立自己家庭的刺激冒險；在此追尋過程中，我們的支柱是傳統的力量和社會的正向增強——社會中的許多人視婚姻與家庭為人生的最高理想。

但離婚使得這理想破滅；離婚殘酷地闖入家庭對未來所編織的美夢裡，讓每個參與其中的人感覺到自己像是吊在半空中，但底下卻連張救生網也沒有。離婚從來不是件簡單的事，其中充滿了痛苦、失落感，以及失敗和被拋棄的感覺。這是個沒有人會去選擇的命運——如果還有更好的選擇的話，而且孩子將會置身於離婚風暴的中心。就像佛蘭克女士[註]於《在離婚中成長》一書中所提到的：「孩子通常是愛的結晶，但離婚後，孩子卻也成為一段錯誤愛情的活證據，不斷地提醒父母親這段被破壞的婚姻承諾。」這重擔對孩子們來說實在是太沈重而難以承受，但有時候

註：佛蘭克女士英文全名為 Linda Bird Francke，著有 *Growing Up Divorced* 一書。

離了婚的父母因不斷遭受自己的悲傷所困擾，而忘記了他們的孩子也為此而苦。佛蘭克女士寫道：

> 孩子的世界變得亂七八糟。他不但失去了家庭裡其中一位父母親，而且當剩下的那一位父母親也必須去工作時，他通常同時失去父親和母親。他可能也必須跟著搬家、轉學、因應單親家庭的新責任和要求，調適自己只能在某些時間，或是甚至都不會再有機會，看到離開的父母親。長久下來，離婚經常會導致經濟上的困難、忠誠上的衝突、孩子想要與雙方父母維持親密關係所面臨的壓力，及在再婚家庭中區分各種關係所導致的緊張狀態。

我們腦海中對於一個家**應該**是個什麼樣的完美圖像裡，幾乎容不下那些必須獨自承受教養子女、或是接送小孩穿梭往返於兩個家庭之間等重擔的單親父母們。即使離婚是個對雙方有利、彼此同意的選擇，但是被社會排斥及與社會格格不入的感受仍是難以克服。已經離婚兩年，三十多歲的阿秋在敘述她如何努力讓她兩個五歲大的雙胞胎兒子覺得他們是個「完整的」家庭時，生動地道出她許許多多的心情：「即使就我們的狀況來看，這樣做肯定是最好的，但心理上卻無法像自動化機器自動地轉換過來。當我看到所謂完整無缺的家庭時常會心生羨慕，並希望我的家庭也能像這樣。雖然我結束了和先生之間的關係，但是我並沒有停止想要一個完美典型的家。我覺得一定是少了什麼，這種感覺不管什麼時候，我帶孩子們去到哪裡就會一再被增強。上餐廳吃飯時，服務生會問：『請問*只有*三位，是嗎？』去看電影時也被問：『*只有*三位嗎？』上禮拜我們回去看祖父母，機場的售票人員問：『*只有*三位嗎？』這樣好像每個人都努力要提醒我們——我們是不完整的。」

在離婚過程中孩子們被夾在中間，但是他們通常不太懂那些導致父母親離異但卻模糊不明、「大人的」災難事件。在這段期間，他們需要特殊劑量的憐憫與額外的關注，但已身心俱疲的父母親通常覺得自己很難再給小孩這些東西。

參加團體的女士們開誠佈公地談論這些兩難的困境，以及她們如何回復自己生活及孩子們生活的穩定性。

愧疚派對

「是我自己硬要分手與離婚的，」阿秋說道，「我的兒子們熱愛他們的爸爸，他們沒有看到他不關心與不負責任的那一面——他是個酒鬼。他們只知道我叫他離開，有時候我知道他們責怪我。他們會問：『爸爸為什麼不能住在這裡？』或是哭著說：『我想爸爸。』拜訪他們的爸爸回來後的那幾天，看到他們讓我的心裡好難受；他們是這麼的難過，而我想要幫助他們，但卻不知道要怎麼做才好。」

有個四歲女兒的阿薇提到，就在她和先生分居後發生的一段對話。

小黛：為什麼爸爸不能留下來？為什麼？

阿薇：小寶貝，我和爸爸決定如果我們分開住，我們會比較快樂。但是我們都會和以前一樣愛你。

小黛：如果爸爸愛我，他就不會走了呀。為什麼你要叫他離開！〔哭了起來〕

阿薇：我沒有叫他。我們決定⋯⋯

小黛：你有！你有！你好壞，我聽到你在大吼大叫。

阿薇：那是我在發脾氣，因為我太生氣了。但是那不是爸爸為什麼會去住另外一間房子的原因。

小黛：我好想他。我希望我們不要分開住。

阿薇：我也希望，小寶貝。但有時候一些讓我們傷心的事就發生了。雖然如此，不要再煩惱了。明天爸爸會來接你去玩兩天——就只有你們兩個喔。也許你可以告訴他你的感覺。

小黛：我會的。

即使阿薇以敏銳及尊重的態度處理了女兒的難過與憤怒，然而在這樣的對話之後，她仍然覺得沮喪與愧疚。她開始懷疑自己和先生決定分手是不是太自私了。「我們這麼做是因為我們覺得這樣會讓**我們**比較快樂一點，但是這並沒有讓小黛比較快樂。這樣子好像是兩個大人聯合起來摧毀一個小女孩的生活。我告訴自己這個傷害很快就會過去，但我不確定小黛在各方面是不是都不會受到這件事的傷害。更糟的是，她的爸爸遲了三小時才來接她，而我必須在他看起來好像不會出現的時候，不斷地安慰她。」

知道父母親可能會離婚令孩子們感到害怕，因為他們不知道自己將來會遇到什麼樣的事情。但是他們不一定都會以流淚和表達憤怒，來直接回應離婚這個消息。阿湘和小郭發現，在離婚已成事實之後，他們七歲大兒子很怕讓他們看到他內心深處的恐懼。

阿湘說：「我們離婚的過程相當溫和，沒有太多的尖叫與激烈的舉動，所以離婚對我們的兒子小允而言，簡直是個天大的意外。我們打算在小郭搬到新公寓的那一天告訴他這件事。我們決定我們應該和小允坐下來好好談談，然後他可以陪著他的爸爸到新公寓去，然後他可以親自看到一切都沒問題，在那裡他也可以有一個他自己的房間。我們和他一起坐了下來。小郭說：『小允，有件非常重要的事我們想和你談談。我和你媽媽覺得如果我們不要住在同一間屋子裡，我們會比較快樂一點。』我們看著小允的臉——奇怪的是，他似乎不在意。他環顧整間屋子，並沒有看著我或他爸爸。小郭繼續接著說，而我也加入，仔細說明發生了什麼事，並向小允保證我們仍然都非常愛他，而且即使我們住在不同的地方，我們的愛也不會改變。他仍然沒有任何回應。我天真的以為——我真的相信，他並沒有因為這消息感到心煩意亂。我想也許是因為他有一些父母親已經離婚的朋友，所以他可能不會覺得太不安。我和小郭決定共同監護——小郭是個非常棒的父親——所以我們就能向小允保證，他都可以跟我們兩個住，他在小郭家也擁有自己的房間。」

「那一天進行得比我們預期的還要好得多，我和小郭看到小允對這消息的反應這麼好，我們都鬆了一口氣。接下來的幾個星期，我們都密切注意小允，看他有無任何創傷的徵兆，但他卻好像十分快樂，每個禮拜到不同的公寓去住幾天，對他而言好像是個冒險之旅。」

「然而大約在小郭離開兩個月後，就在我覺得最糟糕的狀況就要結束時，我接到小允的老師打電話來。她問：『家裡面是不是發生了什麼我應該注意的狀況？』我的心跳幾乎快要停止了。我說是的，然後我告訴她我們離婚的事。她是位非常慈悲的女士，她說：『這可能可以解釋，為什麼小允在教室裡會有這麼具攻擊性的行為。』她繼續告訴我最近這幾個禮拜，我們之前那個溫和的小孩變成了問題行為的製造者——在遊戲區挑釁打架、在教室裡不遵從老師的指示、當他應該要安靜閱讀時卻和同學吵嘴。我坦白告訴他的老師，我在家裡並沒有觀察到他的行為有任何異狀。我們談了一會兒，她建議我諮商可能對小允有幫助——我可以去找一位專門為協助兒童度過離婚這個如狂風暴雨般困境的諮商員。她說：『我的一些學生家長發現找他真的很有幫助。』」

「所以我們就帶著小允去找這個人，然後在第一次談話結束之後，這位諮商員跟我們談了一下。他告訴我們：『小允對於離婚這件事非常生氣。』我們實在太驚訝了！我們之前都不知道這件事——或者說我們太笨了，以致於我們看不出來。諮商員說小允很害怕說出他的憤怒，因為他擔心我們可能會不要他。就在這一刻，我們確確實實得知了事情的真相。牢記著諮商員的建議，我和小郭現在會協助小允把他的生氣和難過說出來，而不是老是一頭栽進去一再給他保證。我們設法向他坦白與承認，這適應的過程對我們大家而言都很困難，對小允也是。」

就像成人一樣，孩子們會用很多不同的方法來因應離婚這樣的事，因此我們必須仔細聆聽他們的經驗是什麼。以下這些常見的反應是父母們從孩子們那裡聽來的：

也許因爲他們彼此不再相愛了，他們可能也不再愛我了。
如果我乖一點，他們可能會回來在一起。
我做了什麼導致他們離婚？
如果我的探訪沒有表現得乖一點，爸爸就不會想再看到我了。
我覺得他們總是爲了我而相互競爭——從不同的方向拉扯我。
如果他愛我，他就不會離開了。
沒有人在乎我想要什麼。
她〔他／他們〕怎麼能夠摧毀我們美好的家庭？
人們跟你說他們愛你，然後他們卻離你而去。
我恨他們。
他們希望我是不存在的。
我的爸爸有了新家庭了，他不要我了。

等等類似這樣的話語。孩子們認為，不管怎麼說他們都應該為離婚這件事負責，這樣的想法並不少見——要是他們表現得好一點、安靜一點、聰明一點、討人喜歡一點，以及更聽話一點，他們的父母親可能就會回心轉意，然後回來住在一起。父母親有時候會很不智地強化這些感覺，例如很生氣的媽媽大叫著：「你就像你爸一樣！」這句話將啟動孩子腦海中的輪盤——如果這是實情的話，她將來可能也會離開他。

因離婚導致的負面情緒有時候是很難說清楚的。阿瑪和她的先生老呂經歷了一段特別累人的離婚——在這過程中的每一步路，他們都打個不停。他們花了幾乎兩年的時間，才在監護權與孩子的贍養費上達成協議。在戰鬥事件告一個段落之後，老呂肆無忌憚地在他們的兒子面前苛刻地批評媽媽。阿瑪試圖對她的前夫解釋這可能會造成什麼樣的傷害，但是他就是不聽。一個星期天晚上，他們的兒子小碩從他爸爸那裡回來之後，就非常煩躁。阿瑪敘述了他們的對話。

小碩：媽咪，當我在你肚子裡的時候，你有想要我嗎？

阿瑪（吃驚）：當然啊，心肝寶貝。這真是個笨問題。

小碩：爸爸說你不想當媽媽，因為你太愛你的工作，他說你想要墮胎。

阿瑪（心中真的很恐懼，並對她的前夫感到十分憤怒）：你知道我有多愛你。

小碩：但是那時候你沒有。

阿瑪：小碩，你知道有時候你爸爸對我很生氣，所以他會說一些很傷人的話。

小碩：我知道——但是跟我說實話。

阿瑪：好吧！實話就是自從我感覺到你在我肚子裡的那一剎那起，我愛你遠勝於世界上其他所有的東西。

小碩（有點兒緩和下來）：好吧。

阿瑪：我可以告訴你一個秘密嗎？

小碩：什麼？

阿瑪（彎下身來，在他的耳邊說悄悄話）：如果你不在我的生活裡，我的心就會永遠地破碎了。全世界你是我最愛的人！

小碩（笑容燦爛）：你也是我最愛的人——除了爸爸以外，你們兩個都是我的最愛。

我們不得不佩服阿瑪能夠如此縝密地回應兒子的問題，僅管她對前夫蓄意傷人及惡毒的言詞感到憤怒不已。這是個很難理解的現象，為什麼當一個人想要傷害他／她的前妻／夫時，竟然會以如此傷害性的手段來利用他們的小孩。然而，有些父母親發現，在孩子面前說出他們對前任配偶的敵意是個很大的誘惑；或者，他們努力想要贏得小孩的支持，想要他們看到他們的爸爸（或媽媽）是個多麼糟糕的人。讓孩子捲入大人的戰爭裡是屬於某種形式的虐待；不管父母親對彼此有多麼地生氣，他們的小孩並沒有能力來應付像以下這樣的敘述：

你爸爸又遲到了。這說明了他有多在乎你！

當然，和他在一起一定很好玩，他想要努力收買你的愛。

你媽媽是個賤女人，現在你知道我爲什麼要離開她了吧。

只有我才是眞正照顧你的人——當你想要一雙新鞋或是需要看醫生或是每天吃晚餐的時候，他在哪裡？

如果我不必這麼努力工作來扶養你，可能我會更美麗一點，生活也會有更多樂趣〔就像你爸爸的新老婆一樣〕。

你爸爸沒有寄小孩贍養費的支票來，他一點兒都不關心你的死活！

她想辦法要控制你，你不必在意她那些愚蠢的規定。

他是個酒鬼。

如果你知道了我所認識的那個他，你就不會認爲他有多偉大了。

週末你爸爸〔媽媽〕跟誰碰面啦？有沒有女朋友〔男朋友〕？

她會把你寵壞了。

媽媽不買那個遊戲給你？沒問題，我買。

其中一位配偶對另一位的仇恨不滿將會使小孩淪為犧牲品——然後，何時了？當父母離婚時，不管他們的衝突有多嚴重，極為重要的是，他們必須立下協定，他們絕不在孩子面前說另一個人的壞話。就算如此，有時候這也需要非常大的自制力，但這真的是非常重要。在藍斯基女士[註]《寫給離婚父母親的書》中，

註：藍斯基女士英文全名為 Vicki Lansky，著有 *Divorce Book for Parents* 一書。

她建議父母親應該學會使用——她稱之為「離婚演說」的——新語言。藍斯基女士建議道：

> 當心你所說的，注意你的身體語言。你的威脅、挖苦及輕蔑的話，對於一個已經活在不安全及害怕被拋棄生活中的小孩是有害的，長久下來，這些將會傷害你和小孩之間的關係。畢竟，不管你的前 xx 過去或現在有多粗俗、多卑鄙、多沒大腦、多懶惰、多會罵人或是多低賤，小孩仍然會想要另一位父母親的愛。當小孩長大成人時，他或她就能不在你的影響之下，自己決定是不是繼續這份愛或崇拜。

每天的衝突

阿佩有個堅定不移的規定就是，她十歲大的兒子小恪不能自己一個人去搭地鐵。通常住在住宅區的爸爸會在週末時搭地鐵來接他，然後再帶他回來。但是有一天小恪不經意講出他自己搭地鐵回家。

阿佩（大叫）：你**自己一個人**搭地鐵回家？

小恪（有點兒反抗地）：是啊！爸爸帶我到要搭的那班火車上，然後我就沒問題了啊。我還活著，不是嗎？

阿佩（又氣又驚）：不要跟我耍嘴皮子，年輕人。你知道我的規定。

小恪：爸爸說你對我太過於保護了。他覺得我已長大了。為什麼你不能呢？

阿佩（面對這指控就更生氣了）：如果你要在我背後做些有的沒有的，我就不讓你去你爸爸那邊過夜了。

小恪（跳了起來以致於椅子翻倒了）：不要吵我！你好壞！難怪爸爸討厭你，我也討厭你。〔跑出房間去〕

阿佩對這次的衝突感到震驚。她坐在餐桌邊哭了一會兒。她知道恐嚇小恪不讓他去見他爸爸是不對的，她怎麼可以這樣子說？她感覺內心深處很痛，但也很納悶小恪是不是真的覺得他的爸爸很討厭她——而且他是不是會加入他爸爸那一邊一起來對付她。這不公平；是她每天為小恪做那麼多事情，而他爸爸每個週末才輕輕鬆鬆地加入行列，請他吃東西、送他玩具、毀謗她所有的規定，這太簡單了吧！

另一位媽媽談到有一天晚上她的前夫來接女兒時引發的衝突。她承認，她當時並沒有心理準備，會因為她認為是無關緊要的一句話而爆發這一幕令人生氣的場景。

「當小芬的爸爸這週末來接她的時候，我說：『感恩節小芬會留在這裡和我一起過節。』我一說完，小芬立刻尖叫著說：『不要，我不要！我要和爸爸一起過。七月四日我也要和他一起過。』這讓我很生氣，尤其是她之前說過好幾次她七月四日要和我一起過。我追上她，並且告訴她這樣的行為是不恰當的。當我轉身走進房子裡面的時候，小芬大叫：『大笨蛋！』這深深傷害了我的感情，但我又不能說些什麼，因為她已經坐在車子裡面了。但是當週末結束她回來時，我告訴她我對她的話有多生氣，而且她的話傷害了我。她臉上的表情就像在告訴我，她已經知道會有這樣子的結果。我說：『你可能會怎樣處理這件事？』小芬說：『我已盡我所能把它說得很好了。』那天晚上在她上床之前，我們談了更多這個假日發生的事情，然後小芬坦誠道：『我愛你們兩個，我不想要我必須從中間選一個。』」

當一位真正關心小孩幸福與否的父母親得知小孩被夾在中間，且因我們的拔河戰而分裂時，會覺得十分心痛。離婚的父母親有時候會發現，他們競相爭取小孩的愛。也許這並不是他們故意要這麼做，但這真的很難避免，尤其當其中一位父母能夠給小孩更多玩具、更好的衣服或是更漂亮的房子時。阿華是一位參加我的工作坊並已離婚六年的女士，她告訴團體，她對前夫的習慣——對他們九歲大的女兒有求必應，已不知道該怎麼辦才好。

她說：「我是一個非常節儉的人。我不可能給小音所有她想要的每一件東西。而且除此之外，並不是她所需要的東西，我都必須去滿足她。但是曾經有一個月，她週末去拜訪她的父親，然後她告訴他：『媽媽說我不可以有那個芭比娃娃全套組。』或是任何類似的話，然後他說：『沒問題，我買給你。』」

我問：「當你聽到這個的時候，你的感覺是什麼？」

「我非常生氣小音竟然跟她爸爸要，更憤怒的是，她爸爸竟然企圖收買她的愛，」阿華歎了一口氣，「我是那個扶養她的人。

我要面對及處理每天出現的問題，要煮飯、要洗衣服。每個月一次，他就像個懷特爵士勢如破竹般翩翩到來，然後她就暈眩而讚歎不已。當然，我覺得忿恨不平。」

「當她帶著你拒絕買給她的新玩具回家時，你對小音說了什麼？」

她有點兒發窘地說：「我並不特別為我的反應感到驕傲。我說：『當然了，他可以一個月出現一次，然後給你心中想要的每一樣東西。但是每天早上你起床的時候，他在哪裡？』我知道這是錯誤的反應，但是我一想到小音可能會買他爸爸的帳——而這明顯是個不必要的行為，尤其當學費還沒繳或是他的贍養支票遲到時，他好像都不當一回事時——我就無法忍受。」

我問：「你跟你的前夫談過這個問題嗎？」

「喔，當然，」她苦澀地回答，「他說我是在嫉妒。他說既然這帶給他們兩個這麼多的樂趣，為什麼他不可以買東西給她？我告訴他，如果他可以確定他的支票會準時到，他可以為她做更多事情。但是他聽不進去。」

阿華的處境真的很艱難。她無法說服她的前夫當一個負責任的父親，而她也無法防止他對小音有求必應。阿華所能做的事是讓她的女兒知道，她無法買芭比娃娃全套組給她。批評她的前夫是沒有用的，而且用爸爸買了她無法買得起的東西這件事來責怪她的女兒，也不會有什麼幫助。如何找到一個方式來傳遞你的價值觀，但卻不貶低你的前夫，是件很難的事；但是，阿華可能可以這樣說：「我和你爸爸從不同角度來看這件事情。」然後讓這件事就此結束。

有時候雙方的拉鋸戰是相當微妙的，就像阿蒂與他十二歲的兒子小盟發生的插曲。小盟已經重感冒一整個禮拜，所以當星期五快到時，阿蒂要他週末留在家裡好好休息，不要到他爸爸那裡去了。他竟然勃然大怒。

小盟：你不可以叫我留在家裡！

阿蒂：你的健康比去你爸爸那邊重要。這學期你已經好幾天沒有去上學了，我不想要你再請假了。

小盟：你是賤人！

阿蒂（非常生氣）：你竟敢這樣跟我說話！只要你住在我的房子裡，你就得遵守我的規定。

小盟：我不要！我要去爸爸那裡。

阿蒂（失去理智）：很好！那就把你的東西打包好，去跟你爸爸住啊。我才不吃你那一套！

阿蒂氣沖沖地走出去，回到她的房間，然後砰一聲，把房門關上。她坐在床上發抖，暴怒與自責雙重感覺淹沒了她。大約半小時之後，小盟進到房間來。

小盟：我們不要帶著生氣的感覺上床睡覺。

阿蒂：我沒有辦法不會因剛剛發生的事感到心煩。不管你有多麼生氣，你都不可以像剛剛那樣侮辱我。

小盟：但是今天晚上**你**真的把我惹惱了。當你說我應該把東西打包好然後出去的時候，這真的很傷人。我擔心你真的會把我踢出去。〔開始哭了起來〕

阿蒂：這麼說讓我覺得糟糕透了——我不是真心的，但是我也受到傷害了呀。我想當我們心裡煩躁的時候，我們真的知道怎麼去傷害對方。我不應該說了我剛剛說的話，我猜想我是想要知道你有時候會感激我。我應該讓你自己決定，這週末你要不要去你爸爸那邊，你已經長大了，你自己會知道你自己好了沒。

小盟（擁抱她）：沒問題的，媽。當我離開時，我會想你的。

阿蒂（將他抱緊一點）：我也會想你。當你不在家時，我總是想著你。

這是個好例子，其示範了即使我們使用一些話語傷害或貶低了對方，一旦冷靜下來而且憤怒消失時，我們能夠重開溝通之門，表達隱藏在暴怒背後愛的感受。

孤單的父母親

當我們想像我們自己身為父母親時，一定會有另外一個成人同時出現在這幅想像的圖畫裡——使家庭變完整的先生或太太。這個「另外一個人」是我們的成人支持系統，是我們遇到不幸時可以倚靠在上面哭泣的肩膀，是某個可以分享我們的重擔或喜悅的人，或者只是個在我們壓力太大或精疲力竭時接手工作的人。但是，參加我的工作坊的單親父母通常都是女性居多，她們獨自擔負起大部分養育的責任，雖然看起來好像她們做了所有的工作，可是並沒有得到支持與感激。阿羚最近離婚了，她覺得非常孤單而且很容易受到傷害，她告訴團體當她想從一個朋友那裡尋求幫助時，她的女兒如何破壞這個機會的故事。

「幾個月前，我和我女兒搬到另一棟公寓去。搬家是我們兩個都不想要的，我們已經住在之前那棟公寓很多年了——從我女兒小憶出生後，即使離婚後我們仍住在那裡。現在屋主的女兒就要結婚了，他們想要回那公寓，所以我們就必須搬家。我們在一月搬家的，地上還有雪。八歲的小憶對這次搬家感到非常難過，我知道這回事，所以我和搬家工人忙著搬家時，我讓她找了個朋友過來陪她玩。我從早上五點就起來打包東西。我的朋友老蔡提議說他可以過來幫我把一些傢俱搬下來，所以他說他會在中午過後打電話過來，但是這電話一直沒有打來，我原本是這麼想的。」

「晚上我終於打電話給老蔡問他怎麼了，他告訴我說我和搬家工人在樓下時，他有打電話過來，是小憶接的，他說：『她告訴我不用過去了，你一點都不需要幫忙。』我真不敢相信我的女兒真的會這樣子說，她知道我**真的**有多需要幫忙。當我掛掉電話之後，我質問她：『小憶，你怎麼可以對蔡叔叔撒這樣子的謊？』」

「小憶否認她有叫老蔡不要過來，但是她的朋友脫口而出：『有啊，你真的是這麼說的。』」

「我所有的壓力整個爆發開了，我感到非常憤怒，當她的朋友回家後，我用言語攻擊小憶：『你好自私，你怎麼會這麼自私？』我一再的重覆，不斷重覆。我好為自己感到難過。小憶不瞭解這種孤單的感受，以及每件事都必須要自己負起責任有多麼的艱難。我猜想如果我能夠更善解人意一點，我就能夠明白小憶對老蔡的出現感到倍受威脅，但是要我跟你們說實話，有時候人就是這麼固執，我覺得如此挫敗，所以我不可能老是處在很善解人意的狀態裡。如果沒有人幫我，要我一直都能敏察她的需求，是一件非常困難的事。」

因為疏離孤單的感受，而且通常缺乏任何形式的支持系統，單親父母可能不自覺在成為他們的夥伴與朋友這方面，給予小孩過高的要求。就像一位媽媽所言：「最困難的事就是放手，尤其有時候我會覺得很孤單。我要我們彼此分享得更多，但是我相信孩子們會從『貪得無厭』的父母那裡撤退。如果我們個人很充實了，他們自然會學會這個，而且更願意對我們開放。現在，我正要經歷一段重要的改變時刻，不管在人格上以及專業上，然而有時候我還是會覺得非常容易受傷及孤單。我努力不要太依賴我的小孩，但是在沒有其他人的時候……」

我們很容易忘記我們的小孩可能也是很孤單。畢竟我們會這麼推想：他們還有我們照顧他們，難道他們不應該更瞭解我們的苦境。孩子們在定義上當然是自我中心，無法真的把腳放我們的鞋子裡——對我們將心比心。這並不是說，他們沒有能力對我們展現同理心、愛或者是寬厚態度——只是自我中心是基本的現實吧了。

我曾經聽過有人說，親職工作是一種「沒有回報」的工作，而看起來好像就是這麼一回事。很多父母親抱怨，他們的小孩總是不瞭解或是感激他們——他們為了讓孩子生活得更好所做的一切。由於父母親投注太多的力氣與情緒想要讓孩子快樂，及滿足他們的需求，以致於有時候我們看到孩子一點感激之意也沒有時，我們會十分憤怒。雖然所有的父母親都與這種狀況在搏鬥，然而單親父母可能會對孩子的自我中心特別感到怨恨不已，因為他們覺得自己為孩子做了這麼多的犧牲。

阿娜是一位單親的職業婦女，已經存了一年多的錢想要帶她九歲大的兒子小奇，在長達一週的假期到迪斯尼樂園玩。平常時候，她總是因為工作行程太忙碌而沒有辦法陪小奇，因此她想到這種方式來彌補他。由於旅行的時間就快到了，阿娜一想到那些神話般的景致與聲音不知會讓小奇覺得有多驚險刺激——就像她從小到現在還一直記得一樣，她也變得愈來愈興奮。但是當他們抵達迪斯尼樂園之後，事情好像跟她期待的完全不一樣：第二天，小奇拖著他的腳抱怨說，他不想再走這麼多的路了；到了第三天，他一直叫著「好無聊喔」，然後一直問他們什麼時候要回家；而最後一擊則是他說：「我們為什麼一定要來這裡？放假時我寧可待在家裡跟我的朋友玩。」

小奇對阿娜如此辛苦工作才換來的假期的反應，讓她徹底崩潰。他一點也沒有愉悅或感激之情讓她非常憤怒。在她為他做了這麼多之後，他怎麼可以這樣對待她？

身為父母親，我們覺得我們已贏得小孩的愛與感激——特別是當我們用我們的方式給小孩一些什麼特殊的東西的時候，就像阿娜所做的一樣。單親父母可能需要更多的肯定，來「證明」孩子並沒有因為家庭的破碎而怨恨他們。有時候事實是，我們給孩子的東西實際上反應出我們對好玩的看法，而不是他們的看法；或是那是我們想要給他們的，而不是他們自己想要的。

有此經歷的媽媽們提到，能跟同是天涯淪落人的抱怨或分享讓她們心中大為舒坦。如果沒有支持或瞭解的人——一個可以哭泣的肩膀及一個可以依靠的人，沒有人應該獨自肩負起教養的重擔。

創造像一個家的和樂氣氛

我們認為離婚是一種永久性的分離，是一個關係的結束。但是，一旦有小孩出現在照片裡，這對父母親就永遠不可能完完全全地分開。事實上，許多離婚的父母親覺得下列狀況真是難以接受，一位媽媽坦誠說出她的內心話：「我很痛恨我還必須對我的前夫彬彬有禮，而且當我知道我的小孩對他們的爸爸有多崇拜時，我就很煩躁。當他們從他爸爸家回來時，我必須咬緊牙關以免說出：『你們以為他有多偉大。要是你們知道事實的真相就好了！』」

阿雲與她的先生老謝協議共同監護他們六歲大的兒子小銘，此意謂著小銘一個禮拜有兩三天會跟爸爸住，而其他天則跟媽媽住。雖然如此，阿雲仍然常常抱怨，她覺得單親養育的責任把她壓垮了。

我問她：「我很好奇你為什麼會覺得負擔這麼重？我認為你們是共同監護啊。」

「我們是共同監護——如果你要這麼說的話，」她笑著說，「我的前夫是個非常沒有責任感的人，我還是必須去提醒他每一件事情。當小銘跟他住的時候，我通常得打好幾通電話去提醒他記得給小銘吃藥，或是出門時不要忘了給小銘穿外套。我不信任他可以把事情做好。」

阿雲似乎很難放掉從她和她的先生結婚以來，她一直扮演的角色。我提醒她：「如果小銘輪到被你前夫照顧的那段時間，你沒有給他任何提醒——也就是放手讓他獨自負責他們在一起的那一段時間，你想會發生什麼事？」

她的眼睛睜得好大：「你在開玩笑吧？我不想去想會發生什麼事。」

「但是，共同監護的意思不就是責任分攤嗎？」

「是啊，但是你不瞭解我的前夫。」

我非常想知道，如果阿雲健忘的前夫每件事都沒有符合她的標準，那麼最糟糕的狀況會發生什麼事。也許他比她沒有效率的得多，但是在我腦海中卻不由自主地浮現許多例子，這些例子都是媽媽們在抱怨她們的先生一點幫助也沒有；然而，一旦這些男士真的負起責任，這些女士卻又批評他們「笨手笨腳，什麼事都做不好」。

我們實在無法在此一一列舉所有為離婚所苦的家庭所產生的複雜議題。對於那些為養育小孩付出150%心力的單親父母們——

還有那些不畏每天生活中對自尊的抨擊，仍勇敢地努力成為好父母的人，我要在此致上無限崇高的敬意。我並非欽佩這些單親父母（通常是母親們）無私的奉獻，相反地，我欽佩的是，在社會上只看到她們破碎的理想及增強她們孤單的感覺下，她們仍不斷努力。對於這些被打敗、精疲力竭、充滿怨恨的，以及孤單的父母而言，他們對自己所處的不公平的痛苦處境會有極大的憤怒是很自然的。有時候，他們的小孩會覺得憤怒與傷心，也是很常見。一位參加單親父母工作坊的媽媽阿霞，回想起星期天中午，她五歲大的女兒從她父親那裡度完週末回來之後的情景說：「悶悶不樂的情緒像朵烏雲一樣籠罩在整個家裡面。我走進客廳，看到小語陷在長沙發裡，她看起來好像剛失去一個好朋友的樣子，我的心思都飛到她的身上去了。我知道最近自己多麼沈浸在自己的問題裡，我並沒有多去想想她的感覺。我走過去，坐到她的身邊，然後抱住她。當我瞭解她有多愛她的父親時，減輕了我對她父親的憤怒——憤怒他讓我的生活變得如此悲慘。我並不需要愛他才能承認這件事。我對她說：『是不是因為爸爸走了，所以你很難過？』她點點頭，我繼續說：『爸爸很愛你，當他沒有跟你在一起時，他也會很難過。但是時間過得很快，在你還來不及知道的時候，週末就又來了，你們又可以在一起了。』當我說這些話時，小語以充滿感激的神情看著我。我注意到，這是自從離婚以來，我第一次用這種方式來談論她的父親，而她有多麼需要聽到這些話。當我暫時地將自己痛苦的心情擺一邊時，我再一次為我的女兒創造了一種可能的生活方式。」

高度期望與期待破碎

愛因斯坦的父母親擔心他們的兒子是個生長遲緩的孩子，因為九歲前，他說起話來吞吞吐吐，九歲後他必須想很久很久才能回答問題。他讀高中時所有課程的表現簡直糟透了——除了數學以外，以致於有位老師要求他退選，並且告訴他說：「愛因斯坦，你將來真的沒什麼指望。」

——摘錄自《名人年鑑》「祝賀曾經拿過慘不忍睹成績單的名人」

參加工作坊的阿丹曾經非常誠實與很有自覺地說出發生在她與八歲兒子——小洛——之間的一段對話。一天下午，小洛應該要去練習彈鋼琴的時間，她卻發現他正在玩他的變形玩具。然而就在那個禮拜，他要在班級的獨奏會上表演。她說：「小洛，如果你不練習的話，你就拿不到金牌。」他悶悶不樂地從玩具堆裡抬起頭來，挑釁地說：「你想要我得到金牌，對吧？」她毫不遲疑地點點頭：「是啊。」他笑了：「好吧，媽媽，我會練習的。」

大多數的父母親想要他們的小孩能夠功成名就——這是人之常情，然而我發現，家庭裡有個主要的衝突來源就是必須去滿足這個渴望，尤其當這個渴望是不真實的，或者是我們很難去區分是我們的需求還是孩子的需求時。我們之中有多少人是在「這是為你好」這樣的束縛下長大，而我們又自動地傳遞這樣的束縛給自己的小孩？阿丹與小洛的交易十分有趣，因為在當下她確定她將會坐在觀眾席上看小洛完美的演出，這將會是多麼令人高興的事。這是再自然不過的反應了。她補充說明：「我知道如果他沒有得到金牌，他也會非常失望。但是就在那個時候，好像是我要他去得金牌，而我也承認了。」她笑了，「我想，他很訝異我會如此坦白，以致於他也變成欣然同意我的看法。」

我問：「你為什麼會有這樣的想法？」

她想了一會兒：「我不知道。也許因為他預期會聽到老生常談的說法，譬如說我太瞭解他有多想贏得這個獎。」

我點點頭。「是的，而且就在那個時候，他並沒有想到要贏的事，他想做的就是彈琴。通常父母親會宣稱他們的所作所為都是為了他們的孩子，但是他們的孩子卻不一定同意——或甚至無法理解。我曾經聽到一位媽媽告訴她八歲大的兒子：『如果你不開始用心於學校功課，你絕不可能上大學。』他看著她的表情，彷彿她說的是外國話一樣。」

要父母親承認，有時候他們因為小孩而產生的挫折經驗，其實是由於他們自己的想像與期望所造成的，是件困難的事。他們在言談中很容易就不知不覺地從「我們」變成「你們」，因為——非常自然地——他們想要他們的子孫都像他們一樣（也許都變成他們無法達成的樣子）。對我們的孩子有期望是很自然的事，但是當期待太高或是聽起來太過於嚴格時，親子間就產生了摩擦。小孩要不是痛恨他們必須去完成的不合理要求，就是他們必須很痛苦地去討好他們的雙親，為此他們付出了自己的認同感作為代價。

對事情都抱著高期待會有個待解決問題是，必須面對孩子無法符合期待後所帶來的失望感。有時候我們會因為我們的小孩在符合一般期待水準上產生困難或問題時，對他們感到生氣。阿曼有個五歲小男孩小啟，對於他好像比幼稚園班上的小朋友更為依賴，而且比較不願意離開媽媽去上課這件事，讓阿曼感到挫折。那天她跟團體提到這件事時顯得非常焦慮，因為接下來的那個禮拜，她要帶小啟去參加私立小學的面試，她希望小啟表現得好一點。她坦承這壓力讓她對她兒子十分生氣。

小啟是個有創造力、敏感、可愛但很容易受到驚嚇的小孩。他有無窮的想像力而且也很愛玩，但是在放手讓媽媽離開這部分，有一點落後他的同班同學。她擔心學校不接受小啟，而且她對於她將焦慮轉變成對小啟生氣這件事感到愧疚。

我告訴她，我和我的兒子小泰也曾經歷類似問題，我說：「小泰是那種跟隨著自己的音樂起舞的小孩。但是我太看重他能不能適應環境，以致於我常常在他和別人做不一樣事情時，感到非常挫折。我記得他八歲的時候，他只和小他好幾歲的小孩子玩。這讓我很擔心，為什麼小啟無法和同年紀的小孩玩，就像『一般』男孩子的所作所為一樣？但是在那時候，他覺得這樣做很好啊。那些小男孩崇拜他，而這是他的需要。他並沒有做什麼不好的事，但是我卻擔心他這麼『不一樣』，我認定一個八歲的小孩就該和八歲的孩子玩。我藉著問：『你有什麼問題嗎？你為什麼不能跟同年紀的小朋友玩？儘管你的四周有這麼多和你同年紀的小孩，你為什麼總是要和比你小的小孩玩？』來嚴厲地批評他。幸好有位聰明人點醒我，他說小泰的所作所為不僅完全無害，而且可能可以增進他的自信。這個領悟幫助我在處理此事件的腳步上退後一步，放手讓他去做他想做的事。」

因為小啟與他們班小朋友的不同引發阿曼的失望，並導致憤怒情緒的產生。理所當然，她害怕小啟不會被接受——擔心他在面試中就被刷了下來。在此害怕的背後，她可能是這麼想的：「為什麼他不是個更為大方、更正常一點的小孩——更像其他在陌生的情境中好像也非常自在的孩子們一樣？為什麼他一定要這麼畏畏縮縮而且黏著我不放？」但是，正當阿曼關心小啟的未來，以及他如何因應面前這些壓力時，她傳遞給兒子的訊息是他哪裡出了問題。

我們很容易對我們的孩子固執地抱持著不真實的理想，這理想是我們從他人那裡聽來的，或是我們曾經看過他人做過的事。如果我們的小孩好像沒有做到我們想像中別人的小孩正在做的事，我們就會覺得很尷尬。我們總認為，如果我們的孩子上了某一間學校，而那間學校是每個人都認為是「最優秀」的學校，那麼學校就會保證我們小孩鐵定會成功。但是小啟可能還沒有準備好，因此一個不一樣的、較沒有壓力的環境可能會更適合些。

阿曼必須停止一直將焦點放在小啟和其他小朋友**不一樣**（此可能演變成幾乎沒有能力的同義詞）的地方，她必須開始將焦點放在他**特別**的地方。他可能在發展上落後他們班許多小男生，可是小啟真的擁有一些吸引人的特質。由於阿曼太忙於注意小啟跟大家不一樣的地方，因此她欣賞不到這些正向的特質。

通常，當孩子們不容易適應他們的環境時，他們需要特別的協助。但是真正的協助應包含哪些東西？有時候我們認為我們正在幫助他們，但是我們不小心傳遞出「他們因為沒有完成我們認為他們應該會做的事，因此讓我們情緒低落」的訊息。這樣的訊息可能會傷害孩子的自尊心。探究兒童自尊心的專家布利斯女士[註]在《專家給父母們忠告》一書中寫道：「如果小孩相信他是不被愛的，或只在某種情況下才被愛，他可能會發展出各種能力。然而，這些能力只是虛偽的成就；不管擁有多少的能力都無法取代

註：布利斯女士英文全名為Dorothy Corkille Briggs，著有*Experts Advise Parents*一書。

愛……每個小孩都必須因他們全然的存在而被珍愛與撫育。」所以這個問題變成是：我們將如何學會將失望放一邊，然後視我們的孩子是個獨特、擁有自己特殊需求的人來和他們相處？

幾乎所有參加我的工作坊的父母親都高度期待看到他們的小孩在各方面表現良好。基於文化和教育的經驗，他們對小孩的期待往往愈疊愈高。他們會誇耀他們的小孩在許多活動表現非凡，然而有時候當他們的小孩寧可玩線上遊戲而不願去參觀博物館或上芭蕾舞或音樂課時，會讓他們感到不安。我告訴他們，我完全可以理解他們的反應，但是我提醒他們，如果他們想要小孩去做某些事情的動力大於小孩自己想去做的動力時，那結果可能會事與願違。

阿姝七歲大的兒子小凱就在這個點上挑戰他的媽媽。小凱必須完成幼童軍的作業「我的成就」，星期四要交。為了得獎，他非常期待即將來臨的童軍晚餐會，但在這之前，他必須完成某些任務。然而小凱是個拖拖拉拉的人——哪個七歲大的小孩不是呢？現在是晚餐會之前最後一個週末了，阿姝開始緊張他可能來不及完成「我的成就」。她在我的工作坊提到這個事件。

阿姝：小凱，這週末你一定要做幼童軍的「我的成就」了，你想在星期六做還是星期天做？

小凱：我會在星期天做。

阿姝：好吧，但是不要忘了。

〔星期天早上到了〕

阿姝：小凱，該做幼童軍的作業了。

小凱：我不想做。那好無聊喔。

阿姝（開始生氣並提高音量）：小凱，我們說好的。你說你今天要做「我的成就」的。現在馬上給我去做！

小凱（開始哭哭啼啼）：我都沒有快樂的時間，也沒有玩的時間。這會花掉我**一整天**的時間。不公平！

阿姝：如果你現在開始認真去做的話，不會超過一小時的時間。剩下的時間你愛怎麼玩就可以怎麼玩。

小凱：太久了，我才不要！

阿姝（既挫折又生氣）：也許你不想要成為幼童軍。

小凱：不！我想要。

阿姝：那就負起責任，做好你的工作！

小凱（開始哭了起來）：我不要。我想玩。

阿姝（開始大聲吼了起來）：小凱，你有三個選擇：第一，完成你的工作，然後在童子軍餐會上獲得獎賞；二，不要做，然後你就得不到獎品；三，退出幼童軍，然後你就再也不用**煩惱**這些事情了。

小凱：不要！這些選擇都不好，我要玩！

阿姝：你已經拖了好幾個禮拜了，我們說好的。現在就去做。

小凱：你為什麼這麼壞！你都一直告訴我該做什麼。為什麼我一定要這麼做？

阿姝：因為我知道，到星期二的時候，當你所有的朋友都獲得獎品而你沒有得到時，你就會很沮喪。

小凱（大吼）：我不會，是**你**！是你會很沮喪。

阿姝（完全猝不及防地）：你真的認為我會很沮喪？

小凱：是啊！

阿姝（現在較為冷靜下來）：小凱，你想要退出童子軍嗎？

小凱（也較為冷靜了）：不要……不是真的想要。

阿姝：好吧，小凱，你所說的真的**非常**有趣。你為何不想想你的選擇是什麼，而**你**真正想要的是什麼。我會離開好讓你自己做決定。

阿姝離開房間去做其他事。幾分鐘後，小凱開始做他的成就。在星期二晚上頒獎餐會上，小凱贏得兩串珠子。二十六位男生中只有五位獲得兩串珠子。

阿姝：你一定為自己感到十分光榮。

小凱：是啊……你也會以我為榮嗎？

阿姝（擁抱他）：我一直都以你為榮，不管你有沒有得到獎品。但是這表示我們必須有個非常特別的慶祝方式，我們去買個冰淇淋聖代吧。

小凱：太棒了！我愛你，媽咪。

我和整個團體都對阿姝能夠後退一步，在自己和兒子之間保持足夠的距離去幫助他，充滿了欽羨之意。而小凱也藉由提醒她——決定做幼童軍的工作及贏得獎品是**他的**事，來幫助她後退。只能站在一旁，觀看我們的孩子與他們自己的責任奮鬥不是件容易的事；但是當我們的緊迫盯人變成干擾時，我們反而剝奪了他們的獨立性，以及一種靠自己完成且做得很好的成就感。

想要最好的

有一天我告訴我工作坊的團體成員說：「到今天為止，有一件我一直辛苦奮鬥的事——我猜想你們也是，而且在剩下的歲月仍會一直努力對抗——就是我們善意的建議太常被我們的孩子視為某種批評，或是要求他們變成不一樣的壓力來源。」期待是相當正常的，如同我們會幻想一樣；但是經常一再檢查我們的期待有其必要性。我們要問自己，我們該在哪裡住手而讓我們的小孩有個開始。為了個體分離，孩子們不能只是「跟老爸是同一個模子印出來的」——只是成為我們的影子。

參加團體的一位父親小楊笑了。「這讓我想到我認識的一對夫妻的真實故事。他們剛有了一個小嬰兒，然而他們卻已開始到處詢問最好的學校以及如何讓他們的小孩進去。所以他們到一間風評很好的學校去見校長，他們詢問校長說：『我們要怎麼做，才能確保我們的小孩有很好的機會進到這個學校來？』校長回答道：『不要讓他掉下去了。』」

每個人都笑了。然而有兩個女兒的阿印帶著不安的表情說：「但是我們父母親的工作不就是努力充實我們的小孩，好讓他們成功，並且教他們如何與別人競爭嗎？這就是我們所生存的世界啊。」

我說：「我想我們必須以個案的方式來討論這樣的事情，我們必須能夠區別踐踏小孩的感受，及教導他們使他們擁有更好的因應機制與技巧，兩者間的不同之處。」

「嗯……那你會怎麼看這樣的事情，」阿印繼續說，「我簽字答應讓我三歲的女兒小希參加體操訓練，因為我想這可能會對她很好。這位老師相當嚴格，並且希望孩子們能夠耐心地等待自己出場。剛開始時，小希很討厭這樣子，帶她去上課簡直是個酷刑。但是現在她似乎適應得多了。那是一個很好的訓練，因為她學會安靜地坐著，然後等待她的出場。」

我不確定地說：「一個活潑、活蹦亂跳的三歲小孩會願意忍耐這麼做唯一的可能是，她是真的非常喜愛這個活動，她才會放棄表現得像三歲孩子一樣。」

「嗯，大部分其他三歲的小孩都是這麼做的，」阿印為自己辯護，「他們是很容易教的，而且大家都表現良好。他們似乎在遵守指令時沒有遇到像小希一樣的麻煩。」

我溫和地回應：「當我聽到三歲小孩很容易教，尤其是你提到一位嚴格的老師時，我會有一點擔心。也許其他小孩都比小希適應得多了，因為他們更害怕不聽話的後果。學會順從是必要的，但是在你剛剛描述的情境下是不是適當？我們必須十分小心我們所傳遞出去的訊息。我們必須傾聽我們的小孩是不是同意我們要求他們去做的事，或者他們只是因為害怕不得不回應，或者甚至是因為不想讓我們失望或讓我們生氣。」

有個八歲兒子的小楊說：「但是，還是有個重要的問題——我們想要我們的小孩學習某些價值觀。我一直有個信念：如果你開始做某件事，你就應該堅持到底。我的兒子想要學空手道，所以我們就簽名讓他加入，然而他因為不喜歡那個老師就想要退出。但是我強迫他必須繼續，因為你不可以開始某件事後，就說你不喜歡或是在中途改變主意。」

我若有所思地說：「我懷疑，一定要去完成你已開始做的事，這樣的想法是不是可以避免一個人成為半途而廢的人。」無疑地，那也是在我成長過程中我父母親的信念。當然，我們不希望我們的小孩任意地從一個學習經驗突然轉換到另一個，沒有給予自己充份嘗試的機會。但是我們可以允許他們在有些時候仍然擁有改變計畫的特權嗎？小楊可能也認為空手道對小男生而言是個好運動，因為男孩子應該學習如何讓自己更強壯結實。幾個星期前，他曾抱怨他的兒子表現得懦弱無能的樣子。

小楊說：「我想，我必須承認，我真的想要他成為一個『真正的男孩子』，那是我被撫養長大的方式。可能我對他太嚴厲了一點。」

小楊的反應再正常不過了。但是如果他的兒子對於在運動上表現傑出沒有一點興趣，他必須尊重這個部分，並且認真地想想他兒子想要什麼東西。讓孩子們接觸新的經驗，並不等同於當他們真的想離開時，還必須強迫他們留下來。

許多小孩很快就學會如何討好他們的父母親——這並不全然是不好的。但是在某些家庭裡，這個訊息是以「無法符合父母親的期待將會導致強烈的失望，有時候會導致處罰」的方式傳遞給小孩。如果這真的發生了，孩子們有時會有強烈的怨恨心理。我記得我聽過一個醫學院畢業年輕人的故事。他的父親本身也是個卓越的外科醫師，在畢業典禮上非常驕傲地坐在觀眾席上。但是當他兒子接到畢業證書時，他行軍般地走到他爸爸的面前，把畢業證書塞進他的手裡。他說：「給你，你想得要命的畢業證書——你得到它了！」這位年輕人後來並沒有成為醫生。想像他在醫學院學習的過程中所感受到的憤怒，只為了藉此告訴他父親「我絕不會成為你想要的那個樣子」來反抗他。

通常，並不是父母親太殘忍或故意要堅持己見，但是有時候負面訊息就是無所不在，就像阿娥對她十三歲兒子的新發現一樣。一天早上阿娥帶著她的問題來到團體中。

「小品從來就不是個出色的學生，而我和他的爸爸試過了任何我們想得到的方法來幫助他。然而事實是，他非常懶惰。他不會自動自發去做學校功課，總是拖到最後一分鐘才會去做。我試著不要嘮叨，但有時候我也沒有辦法不嘮叨。上個月，我知道他有個有關南北戰爭的報告繳交期限就快到了，但是我沒有看到他有任何動靜。最後，我再也按捺不住了。我很生氣他總是讓我扮演一直要嘮叨個不停的角色，而且我無法不拿他和令人喜愛的弟弟——小達是個優秀的學生——來做比較。我會非常激動地說：『小品，你還沒開始做你的報告。如果你總是等到最後一分鐘才要開始做，你怎能期待你會得到好成績？』他馬上變得自我防衛，然後回嘴說：『你怎麼知道我沒有開始做？我做了。我幾乎要做完了，不要吵我。』」

「我從戰場退了下來，但是我並不相信他。隔天下午他走進來，然後說：『我正在寫我的報告，我要去小福家，他去年也做了一個南北戰爭的報告，他要給我一些建議。』我想也沒想，只是很高興看到他開始對功課認真起來了。幾天之後，就是要交報告的前一天，小品告訴我說他做完了，並且問我想不想看看。我開始看，然而我的心卻沈了下去。那是一篇十分壯觀的報告——絕不可能是小品獨自一個人寫得出來的。那時我才知道他抄襲了小福的作業。我想要就這個點攻擊他，我非常憤怒他竟然錯得這麼離譜。同時，我也瞭解到他有多缺乏自信，他總是指控我說我比較疼弟弟，或是告訴我說他所做的都不夠好——因此我並不知道要如何處理這個部分，所以我先保留不去討論這件事，至少暫時如此。昨天他回家後給我看他的成績，老師用紅筆在上頭寫著『特優』。現在我不知道該怎麼辦。小品可以利用這個機會——一個小小的讚美而改變。但是當我知道他並不是自己寫這份報告時，我要如何去讚美他？我對他很失望且很生氣，但是我也不確定該如何去解決這種狀況。你們覺得我應該怎麼做才好？」

團體就阿娥面臨的困境交換了意見。我提出我的觀察：「他一定是非常想這麼做。」

阿娥說：「他知道成績對我們來說有多重要。他弟弟從來就沒有這個問題，他功課一直都很好，事情到他手中似乎就變得簡單多了。但是小品就一直是個有困難的小孩。我猜想，事實上，我們對於他不能多學學他弟弟感到很失望。或許我們對他督促得太過嚴厲。但是從他的角度來看，欺騙是個非常可怕的解決之道。」

有一個十三歲女兒的阿莉說：「我能瞭解你的感受。小敏這學期在歷史科遇到些困難，而我當場看到她有多恐懼——當她想到我們收到成績很爛的成績單，我們會有多麼生氣。收到成績單的那一天她非常的心煩，然後她事先警告我說如果我們看了那張成績單之後，我們就會對她發脾氣。我寫下了發生的事。」

我催促阿莉趕快唸她準備好的對話，希望這有助於對阿娥的困境帶來一道曙光。

媽媽：你好像對你的成績單十分心煩而且也很失望。

小敏：你和爸爸看到會抓狂！

媽媽：讓我看看，然後我們再來討論怎麼辦。

小敏（交出她的成績單）：那……在這裡。

〔成績單上顯示小敏的歷史不及格，而且她的科學期末考成績得了個「丙」〕

媽媽：你的英文、數學、美術還有體育的成績好棒。我知道你為歷史及科學成績心煩。我們需要討論，你要怎麼改善這兩個科目的學習。

但是當老陳看到成績單時，他非常生氣她歷史不及格及科學成績這麼糟糕。

老陳：她不是沒有花時間就是不用功，不然就是學校沒有盡力教。如果這就是我所能期待的最好表現，那我不要付七千多（美）元給私立學校。也許她到公立學校去會比較好一點。

阿莉：我知道你很生氣，但是在我們花時間把這些想得更清楚之前，我們不要輕率地做任何決定。

「隔天晚上，我們都較為冷靜且覺得較客觀時，我們召開了一個家庭會議來討論小敏可以做些什麼來改善她的歷史和科學成績。這整件事讓我印象最深刻的是，小敏有多麼害怕我們的責備。對於我們花了很多錢讓她上學她覺得很內疚，而且她也擔心，我們會因為她沒有符合我們的期待而將她轉學。」

阿娥陷入沈思。「阿莉，你提到一個重點。我可以看到小品對我們的失望有多焦慮——尤其是他的弟弟從我們這裡得到這麼多的稱讚。我必須小心謹慎地處理他欺騙這件事，但在態度上，我仍然必須保持堅定的立場。」

我建議阿娥先對小品說，或甚至寫張字條給他，「在跟他溝通的時候，你要說你覺得這件事非常嚴重，你在這件事上想了很久。你可以說一些像這樣的話『我知道這報告有多重要，否則你不會採用如此極端的方法』。然後解釋什麼是抄襲，為什麼它是個不被接受的解決之道，不管他有多需要它。」

阿娥同意這麼做，下一個禮拜她回到團體，她談到她自己和小品之間的對話。

阿娥：我很擔心你，因為我覺得那個南北戰爭的報告不是你自己寫的。

小品：什麼意思？是我做的。

阿娥：看起來不像是你的文筆。你用了一些你朋友的話嗎？

〔小品低下頭來看著餐桌，不發一語〕

阿娥：我知道你一定是非常情急之下，才會採用這麼極端的方法。我們何不談談這件事？

小品：我沒有全部抄襲，只有一點點。我沒有辦法獨自完成，我真的很累了，而它又這麼複雜。

阿娥：你為什麼沒有告訴我你遇到困難了？

小品：你可能會非常非常生氣，然後告訴我說我應該更用功唸書才是。

阿娥：我和你爸爸希望你在課業上盡力而為，但是我們不希望你做超出能力範圍的事。抄襲別人的作品不是解決之道。你覺得我們接下來應該要怎麼做？

小品（驚恐的樣子）：你會去告訴老師嗎？

阿娥：不一定，重點是你和我必須決定未來該如何避免這類事情再度發生。

「然後我們繼續談論課業的問題，最後我們想到一個辦法：從現在開始，小品每天都必須讓我看他的家庭作業。如果他在內容瞭解上遇到困難，他同意去找老師並尋求特別的幫助。」

阿娥嘆了一口氣：「要怎麼去向小品表達我的關心，但又不會傷害到他，真的是很難學會的一課。我甚至想什麼都不要說了，只要給他一小段在陽光下的時光就好了。但是對於我們達成的共識，我感覺很好。就長期而言，讓小品知道他這樣做不對，而且他也學會還有其他選擇，是比較好的結果。我也體認到，他在我們眼中表現得好對他來說是多麼重要。我會盡全力去尋找，在他表現好的時候要如何讚美他。」

所有的父母都希望他們的小孩在學校能夠品學兼優，因此當他們遭遇困難時，父母們常很難維持客觀的態度。當小孩的表現達不到標準時，親師會談通常是失望、困窘，或甚至是憤怒的來源。在父母親想像裡，小孩的老師並不會給予家長大量且熱情的讚美，他們只想跟家長說一大堆對小孩的抱怨。老師們是專家，不是嗎？他們應該知道他們在說些什麼。當他們稱讚我們的孩子時，會讓我們引以為傲。但是親師會談常常會引發父母們強烈的焦慮與挫折。如同一位媽媽告訴我的：「我走進會談室時深愛著我的小孩，但是出來後我卻對他痛恨不已。」父母們常提到，當他們進到小孩的教室時，他們覺得自己忘我地退回到自己還是個學生的日子。他們想要從老師那裡獲得認可，但是他們也想和小孩站在同一陣線上，因此他們常常就卡在老師與小孩之間，一個令人不舒服的位置。

阿衫跟團體提到，他兒子的老師告訴她，小賓是個不成熟而且沒有安全感的小孩。「我的防衛心馬上就出來了，我問她：『你根據什麼給他貼這些標籤？』她說她放了一部有關非洲的電影，裡面有一些沒有穿衣服的女人，小賓就笑得很大聲，然後還笑到從椅子上跌了下來。這是他不成熟的例子。我想這聽起來很像是非常正常十歲男孩子的行為，但是老師告訴我，他必須表現出更好的自制力。可能那不是正常行為，我的反應可能只是在自我防衛罷了。我覺得很不好意思，稍後我告訴小賓，他中斷班上的上課是不恰當的行為。這件事讓我覺得很挫敗，其亦讓我對我的兒子及兒子的老師都感到很生氣。一方面，我討厭老師跟我說她對我的小孩的失望；另一方面，我覺得我應該為他多辯護一點。」

有個三歲小孩的阿琳說：「如果老師打電話來，我和我先生馬上會想說『出了什麼問題？』然後我們所能聽到的就是老師在電話中所說的，然後我們就變得很煩躁。這就像『你的老師打電話來，你又做錯了什麼事？』如果有時候老師能打電話來告訴我們，他們有多喜歡我們的小孩，或是說一些正面的事情，不是太棒了嗎？老師和家長們似乎都將焦點放在小孩做錯了什麼事——而不是他們做對了什麼事。」

如果家長及老師們都能夠後退一步，看清楚在孩子的教育上他們是同盟關係而不是對手，將會非常有助益。他們有著共同的目標，這並不是權力爭奪戰。問題並不在於誰最有影響力，而是要怎麼做最能解決孩子行為及學習上的困難。如果家長及老師們能並肩作戰，這些問題就容易解決得多了。

如果我們的孩子並不是不小心而是故意讓我們情緒低落的話，有時候想要接納他們甚至會變成困難的事。當我們的小孩辜負了我們的信任，或是在重要事情上對我們撒謊時，除了生氣之外，我們真的不知道該如回應。

阿紅提到有一天她得知她十三歲的女兒小真逃學的情形，她是無意中發現的。小真的數學老師有天早上打電話到她工作的地方給她，他說他擔心小真在某個重要段落的學習裡漏掉太多東西。

阿紅困惑地回答：「我聽不懂。」

數學老師說：「是這樣子的，小真這個月已經有三天沒有來上課，因為她今天又沒有來，所以我決定要打電話給你。」

阿紅記得她的反應，「我的胃就像遭受到該死的重重一擊。我盡可能地冷靜答道：『到目前為止，就我所知道的，小真今天應該在學校。如果她沒有在學校，這表示說她逃學了。』」

「我跟老師核對她的出缺席記錄，然後記下小真缺席的日子。其中只有一天不是翹課，其他那幾天她會在哪裡，我一點兒也不知道。」

「我提早離開辦公室，因為我想要在家裡等小真回家。我對她感到非常生氣，但是我也覺得很害怕。她是不是有什麼問題我沒有發現？我覺得很自責，一件大事就即將在眼前發生，我竟然不知道。而那時我也開始覺得很尷尬，她怎麼可以讓我在她的老師面前這麼丟臉？他們可能都會認為我是個差勁的媽媽，因為我甚至都沒注意到事情不對勁了。」

阿紅回憶她女兒一進到家門口，她們兩個之間的對話。

小真（很訝異看到她媽媽）：媽！你今天提早下班了？

阿紅（仍然很鎮靜）：是啊，今天學校上得還好嗎？

小真（高興地）：喔，很好啊。

阿紅：小真，坐下來。

小真：哪根筋不對了？

阿紅：我知道你今天沒有去學校。

小真（臉沈了下來）：我可以解釋。

阿紅（諷刺地）：而你也可以解釋這個月來那些翹課的日子？

小真（悲慘地）：喔……我知道你發現了。我覺得好恐怖喔。

阿紅（現在開始尖聲說話）：你覺得好恐怖？這就是你要為自己所說的話？當你們數學老師打電話來時，我覺得丟臉死了。**我的**女兒逃學！我真不敢相信。女孩，我倒是要你好好解釋一下。

小真（開始哭了起來）：媽，我很抱歉。我覺得很無聊，天氣又那麼好，所以我和同學逛大賣場去了。我知道我錯了。我向你保證，我下次再也不會了。

阿紅：我要怎麼相信？我怎麼可能再次相信你？你搞砸了一切。我以為你是個好孩子，但現在我知道我錯了。回你的房間去。我甚至不想再看到你——你被禁足一個月。

在這種狀況下，阿紅無法將她個人被背叛的感覺放一邊，用客觀的方式陳述小真做了什麼。她個人的失望凌駕了所有事情，所以她傳遞給小真的訊息是她很糟糕，因為她讓媽媽情緒低落而且很難堪。因此在這些對話裡，就沒有討論小真的行為及這些行為為何無法被接受的空間；阿紅亦沒有努力去理解小真為什麼要逃學，並尋找解決問題的方法。並不是阿紅不想做這些事，她只是不知道要如何以不責難及苛刻的方式，來表達小真的行為是多麼的嚴重。

以此為例，我們可以想想看，當阿紅得知小真逃學之後，她有什麼樣的感覺。當她在敘述這件事時，她出現了很多種情緒：

首先，她很害怕——她不知道她的女兒在哪裡；第二，她擔心小真的問題很大，而她的擔心還伴隨著罪惡感，因為她認為她應該早就要發現；第三，她覺得很難堪——老師們當然會認為她是個很糟糕的家長，竟然會讓這樣的事情發生。最後，她覺得很無助，無助的感覺常常會導致憤怒。當時她認為自己做了自我控制，但事實上沒有。

當她質問小真時，所有這些情緒都在她的心裡澎湃激盪不已。我們很難因為這些情緒而責備她，但是她的憤怒卻使她無法理性地解決此危機。結果，什麼都沒有解決。如果她先等一等，等到她冷靜下來，再去面對小真的問題，而不是當小真一進家門時就開始談，可能會比較管用些。小真可能會比較知道逃學會有什麼後果，而她們可能就可以準備得更好，去討論合適的且可採用的行為，並導致有意義的結果。

當孩子們讓我們情緒消沈、欺騙我們，或是藐視我們的想要的東西時，不想讓我們的想像（及嘴巴！）驅使我們去做某些事是件非常困難的事。我們會傾向將他們的行為普遍化，並與未來做直接的預測：

你**總是**給我惹麻煩。

你**從來都不**照我所說的去做。

我**絕不**可能再相信你了。

繼續努力，不然你就會是個失敗者。

父母親也習慣將現在發生的事跟未來扯上關係。例如，阿嬋是個十幾歲男孩的媽媽，當她發現她的兒子答應要去做功課卻沒有去做時，她就下了一個很不恰當的結論。她不僅對他一般的行為做了廣泛的假設，她也對這樣子的人將來會變成什麼樣子做了一些假設。以下是阿嬋對事件的描述。

「我兒子今年十四歲，每個星期一晚上在住家附近的速食店打工。我讓他去做，但是我們有個規定是，星期一放學後他必須直接回家，先做功課，因為到了晚上他就沒有時間做功課了。就這樣，上個禮拜一他從學校回來後，我聽到他的房裡傳來音樂的聲音，所以我敲他的門說：『你在聽音樂，你沒有做你的功課。』我剛開始的時候還好，我平靜地提醒他我們的約定，並且問他為什麼他要聽音樂，而不是做他應該要做的事。他只是聳聳肩，說一些像是沒有太多功課的話。然後我開始勃然大怒，因為我並不相信他，我開始數落他：『這些都只是幌子。我早該知道你不會遵守我們的約定。如果你的成績不好，你就得辭掉你的工作。』目前，並沒有真正的理由可以讓我相信他的成績會變糟，但是在好像為他量身定做的吼叫叫完後，我幾乎是在指責他每一科都不及格。然後我說：『照這樣子下去，你未來所能做的工作就只能靠外送中國菜來討生活。』他聽了之後氣瘋了，他說：『那你所能做的就是大吼大叫。』然後我吼了回去：『那不是事實！』那天到睡覺前，我們兩個都非常生氣。後來當我冷靜下來時，我突然想到我對這個小事件所做的假設。我一直在說服自己，他的功課一定不好，只因為他聽了半小時的音樂。」

我問阿嬋：「你想，可能有什麼特別的理由讓你爆發出來？」

她坦承：「我猜是因為我的擔心。那天我在報紙上看到一篇有關大學畢業生變得愈來愈競爭的報導，這強化了我擔心我的兒子無法和別人競爭。」

這樣的劇本好像都會自動地跑進每一位父母的腦袋裡。當我已經成年的大兒子上班遲到或睡過頭時，我馬上會跳進這樣的結論裡。這樣的想法真的是一無是處。如果我們當父母的可以學會先暫停一下，我們將會更加幸福。

阿嬋同意她的行為一點也不公平。「前一秒鐘我們還在談論一個特定的情況，但下一秒我就已經在指控他二十年後的生活了。他理所當然會做出非常厭惡的反應。」

阿嬋挫折的原因來自於她對兒子的期待。即使我們的小孩尚未出生，我們就已經期待他們未來會是什麼樣子，但是現實通常不一定會與我們想像的相符。我們可能想要我們的孩子成為成就很高的人，但卻發現他只是個愛作夢的人；或者我們想要一個活潑、愛好運動的小孩，我們想像我們去看網球校隊的她打球是多棒的一件事（也許因為我們從來不曾擁有這樣的機會）。因此，當她寧可自己安靜地看書或是觀察顯微鏡下的昆蟲時，我們就會感到十分的失望。有時候，我們這些當父母親的人浪費太多力氣，努力將方形的木樁放進圓洞裡。我們必須對我們所傳遞出的訊息非常小心謹慎，「我不能接受你現在這個樣子，我只能接受你成為我想要的那個樣子」是相當常見的。雖然這麼說是很正常的事，但是這些「成為我想要你成為的樣子」的訊息，對我們的孩子卻是十分艱難。我們必須謹言慎行，以避免說出那些聽起來像是一成不變的批評——「是啊，你可以被選為當班長，但是你什麼時候幫我做過家事？」

一則在《瘋狂》雜誌[註]的報導，以詼諧的方式將上述觀點表現得淋漓盡致，還真的是一針見血。我讀給團體成員聽，大家心有同感地會心一笑。以下是一連串親子的對話：

你對你的父母親說的話：	你期望他們對你說的話：	他們可能說的話：
媽，天大的消息！我剛得到了哈佛大學的全額獎學金！	你看看！我們家有個常春藤聯盟的耶！我簡直高興得都快哭了。	那當然……你當然可以進常春藤聯盟的學校，但是你為什麼不能保持你的房間乾乾淨淨？！
我已經決定要參加和平部隊了。	這真令人感動……我的小女孩奉獻她的生命去幫助比她更不幸的人！	你想教尚比亞人什麼東西？如何講個幾小時的電話然後收到一大筆帳單？
我要當一個詩人……就像Edna St. Vincent Millay！	你會的！你是這麼敏銳……這麼能察覺生命的真正意義。	你將會讓一些女詩人跟你的臉一樣，急於從你所吃的垃圾食物裡逃脫出來！

想要做到無條件的愛格外的困難，因為此可能意謂著我們必須放棄我們對小孩那些不太可能實現的要求及夢想。這個掙扎由來已久，甚至連孔子也問說：「沒有任何要求的愛可不可能存在？」但是對父母親而言，以下都是非常值得重視的目標：對孩子的獨特性抱持著開放的態度，即使當他想成為失敗者時仍然支

註：《瘋狂》雜誌在原文中為 *Mad* magazine。

持他們，以及增加我們的愛到他們這個人身上，而不是他們的所作所為。

「特殊」小孩的挑戰

小星是個早熟的嬰兒，從一出生他就得面臨許多生理問題。出生後不久的一場葡萄球菌感染轉變成對生命的威脅——包括肝臟大靜脈的閉塞，有好幾年小星的生活就是一連串待在醫院裡、手術、然後難以回到正常生活。這些手術都是非常恐怖的，而他的媽媽阿夙是位溫暖且慈悲的女性，在這段最糟糕的日子裡，努力為她的兒子堅強起來。

「我非常堅持絕不『屈服』於壓力之下，我努力在困境中堅定不移。曾經有位診所的護士說我在壓力之下是多麼地完美，而且我為此洋洋自得。我不知道自己這麼努力，原來是想要成為小星心目中勇氣與不屈不撓的典範，所以我也將他阻隔於我與他自己之外，我從未讓他看到我的勞累、憤怒與失望。如果我想哭，我會到走廊盡頭的女廁所哭。我很害怕那種我們都會有的『不知道我們又要面對什麼樣的事情？』那種感覺。小星開始怨恨我的不真實，而我則對他的怨恨感到生氣。畢竟，看看所有我為他做的事！但是當我要離開房間或是他要被推進手術室時，他會說：『我恨你。』」

對於我們之中有幸得到健康小孩的父母親而言，真的無法想像與身心障礙兒童所帶來的種種問題奮鬥的艱苦與痛苦。最常見的挑戰是生與死的嚴厲懲罰。例如，阿夙害怕小星發脾氣、玩得太用力，或者在校園裡與小朋友打架（這是最危險的）——這些行為對他而言都可能有致命的危險。而居所有之冠的挑戰是那些永遠揮之不去的感覺：認為孩子的痛苦可能在某種程度上是因為自己的錯誤所造成的，因而引發自身的罪惡感；對於自己會遭遇到這樣的事情感到絕望（特別是如果事情看起來好像可以避免）；為了應付那些永遠不會終止的危機而耗盡精力，並引發憤怒的感受；當你的小孩並不感激你的耐心、愛及艱苦的工作時所導致的怨恨感。

當小星不能參加其他小朋友可以參加的活動時，他當然會覺得很失望。阿夙無法避免這個失望，但是她可以藉著表示她的瞭解來緩和他的失望，例如她可以說：「你很想要爬單槓，但不能爬讓你很失望，我能理解。」然後她可以用其他活動轉移他的注意力。這個同理也有助於緩和她自己的憤怒——生氣小星竟然想去做他不可以做的事，此同理並幫助她允許小星在心裡想要一些東西——即使他絕不可能擁有它們。

沒有任何一位父母親準備好去面對這些特殊的情況。我們之中大部分的人永遠不需要這麼做，因此無法想像父母親該如何去因應這樣的狀況。在賽門斯小姐[註]所著的《流淚之後：父母親撫養身心障礙兒童的心聲》一書中，許多父母親承認在內心深處的

註：賽門斯小姐英文全名為 Robin Simons，著有 *After the Tears: Parents Talk About Raising a Child with a Disability* 一書。

憤怒、不公平及怨恨是不可能完全消失。即使最堅強的父母親亦發現，他們的憤怒會因為想起他們有障礙的孩子從此不可能過著——或是與他們一同分享——正常的生活樂趣時，而一再地被引發。但是賽門斯小姐指出，即使這些情緒不會消失，但是多多少少會減少一些。她寫道：「有些人的歷程是從不再問『為什麼』開始——放棄一直想要找出為什麼這件事情會發生在你身上的答案，以及接受它就是這樣的事實。」就像書中的一位家長所提到的：「剛開始時我真的是非常的生氣——氣命運、氣老天爺、氣人生，甚至氣弟弟（發生障礙的小孩），因為這一切都發生在我們身上。看起來真是沒什麼道理可言。這個障礙看起來是如此勢不可擋，就所有我看到的而言。但是現在，相較於從身為一個人的角度看弟弟，他的障礙反而就變成次要了。我仍然會為此感到難過與生氣，我希望他不是這個樣子，但是現在每一件和障礙有關的事情似乎都容易處理得多了，因為它就是**他**的一部分。」

孩子們並不需要有嚴重的身心障礙，就能讓父母親感到挫折與無所適從。我們目前所知的是，學習障礙是相當普遍的，雖然此障礙並不一定易於辨認與處理。有一對來參加我的工作坊的夫妻老錢與阿嫊，說到了當他們得知七歲大的兒子有學習障礙時，他們那種徬徨無助的感受。就像所有的父母親一樣，老錢與阿嫊對他們的小孩小夏期待很高，但現在，當他們看到兒子甚至連最基本的學習都學得如此費力辛苦時，這些期待都被粉碎了。

阿嫊說：「當我們第一次發現小夏有問題時，我們說：『好吧，我們會解決這個問題。』我和老錢都是說做就做的人——我們都不是那種會被挑戰所擊敗的人。我們決定和小夏一起學習，給他特別多的照顧與治療，然後一起克服他的障礙。我們看每一份我們拿得到的資料，我們請教過很多專家。」

老錢補充說明：「我想我們太過於天真了，我們以為我們可以『治好』小夏。我們並沒有真正瞭解到，他的障礙將是一個持續不斷的奮鬥過程。」

我問：「當你最後終於明白這個道理時，你的反應是什麼？」

阿嫊平靜地說道：「那是個恐怖的領悟。小夏是個這麼可愛的小男孩，但即使如此，我們發現自己仍然逐漸失去耐性。」

老錢說：「還有怨恨。我非常不喜歡我自己去想這些東西。在內心裡，我暗自責怪小夏在學校所遭遇的問題。他的老師不太承認他是個有障礙的孩子，而且常常當他的回答怪異時，她會認為他是個聰明的小子。或是她會說他不夠用功。我一直在想：『也許她是對的，是他不努力』，然後我就失去耐性。」

阿嫊說：「我和老錢為此奮鬥很久，可憐的小夏！不管在家裡或是在學校，他都一直聽到他哪裡又做錯了。」

我問道：「那你們如何解決這個問題？」

阿嫊回答說：「最後我們決定詢求諮商協助。有人介紹我們去找一位專門治療學習障礙小孩的專家。當我們與她碰面時，她讓我們說盡我們所有的挫折與憤怒，然後她告訴我們，我們有這樣的感覺並沒有錯。那是個非常大的釋放。她也讓我們知道，小夏的障礙並不是我們的錯，那也不是我們能夠把它『治好』的東西。我們本來一直自責，當然也會責怪他，但是現在我們學到從不責備的角度來看這件事情。」

老錢說：「我們很希望小夏沒有學習障礙，但是我們已愈來愈接受這個事實。他應該得到我們所有的支持與憐憫，而且我們正在幫助他，讓他覺得自己是有價值的，並能為自己感到驕傲，即使他和他的同學不一樣。」

給予肯定

有個十二歲男孩的老葉提道：「我的兒子是這麼的懶散，這真的很令我抓狂。我很努力不去批評他，但是當我控制不住的時候，衝突又會再度上演。事實上，他也對我報以冷嘲熱諷，他會說：『爸爸，真是太感激你了，我猜你大概希望我當個聖人吧。』這句話讓我想起我小的時候，我所做的每一件事，沒有一件讓我的雙親看得上眼。如果我得了個甲下，他們會問為什麼不是甲。我記得有一次我向父親誇耀說我學會騎兩輪腳踏車了——我真的非常以此為傲！但我絕對忘不了他的反應，他說：『嗯，時候也應該到了，我還以為你永遠也學不會。』現在，我非常痛恨自己正用父親對待我的方式，來對待我的兒子。」

在老葉告訴團體他小時候被父母親過度批評，內心真正的感受之後，他現在變得比較能夠同理兒子的感覺。孩子們需要我們的指引，但是除了指引之外，他們亦因我們的肯定而成長茁壯。他們依賴我們去鞏固那仍然十分脆弱的自尊。但是父母親通常會問：「如果他表現得不好，我要如何告訴他說他很棒？」這個問題的關鍵在於，把你的小孩與不好的成績、邋遢的房間，或老是失約未到分開來，當成兩件事來看待。當你發現自己已經被負面的情緒擠爆時，花幾分鐘的時間想想好的一面吧。你可以提醒自己：「小茉數學是考不及格，但是今天她幫忙弟弟完成他的美術作品。」你也必須牢記，這麼一來你的孩子將不會從那些特殊且不被接受的行為反應裡建立個人的認同感。你不一定要接受那些**行為**，但是你可以肯定**這個人**——全心全意而且沒有任何條件。

無法想像的憤怒

有時候我太過於生氣了，以致於我握緊拳頭、跳上跳下，並咬著我的指關節，或者是將我的臉放在距離他們的臉不到一公釐的距離內，如同流血殺戮般地咆哮著……過去我從來不知道我會愛得如此兇惡，現在我知道了，我可以感覺得到那種無法想像的憤怒。

——史密斯先生，《叔叔父親》[註]

註：請見第一章第十二頁譯註。

阿青剛開始加入我的工作坊時，看起來很虛弱而且很緊張的樣子。她承認，當她兩歲大的兒子還是小嬰兒時，他就一直令她抓狂；她也透露，扮演媽媽這個角色對她來說並不是件舒服的事：「我不知道要怎麼做媽媽，這對我來說並不是自然而然就會的事。」她以一種好像大部分的人都自然而然就知道如何當爸爸媽媽的口吻說著：「小安的發育狀況似乎不像其他剛學走路的小孩一樣。他的行為是這麼的『原始』——他甚至到現在連講話都不會。我怪自己，但是我也對他感到非常生氣，因為他從不給我任何喘息的機會。我不斷地吶喊著：『那我呢？我又該怎麼辦？』所以有時候我會動手打他。在他出生後不久我就回去上班了，所以我想，有一些問題應該是因為我在他出生後的第一年裡沒有在家照顧他所造成的。」

我說：「聽起來好像你認為他的問題都是你的錯，因此你責怪自己。」

她點點頭並急著接下去說：「我問自己：『媽媽是個什麼東西？』然後你知道我想到什麼嗎？我想到的是一個**一無是處**的人。我是個什麼也做不好的媽媽，我在工作的時候從來沒有過這樣的感覺。而現在我試著要去做好這個工作——我甚至不認為這是個工作，我覺得我被困住了，而且我們簡直好像用頭在互撞；隔天，小安真的用他的頭來撞我的臉。很明顯地，我們處得不好，可是我曾經這麼努力地用盡各種辦法想和他好好相處。我每個禮拜二都帶他到公園去——我討厭這麼做，因為我覺得我是被兩歲大的兒子所逼不得不這麼做，當我離開家時，我就覺得我緊張到好像無法呼吸，因為我非常害怕如果我們到了那裡他發起脾氣來，我不知道該怎麼應付才好。」

她深深地嘆了一大口氣，然後低下頭去看著她的手。

「就是這樣囉！」阿青最後說：「我已經努力去做個好媽媽了，但是我不知道要怎樣才能找到一個彼此都快樂的平衡點，我也不知道該如何去幫助我的小孩；這一直是件非常棘手的事。我曾經帶他去找過一些專家——因為他很明顯不同於其他的兩歲小孩，但是我什麼答案都沒有要到。在這期間，我一直有這樣的幻想——狠狠地揍他一頓，直到他不再哭哭啼啼為止；或者是帶他到公園去，然後就把他丟在那兒自己一個人回來。第二天我跟我先生開了一個玩笑，我跟他說：『我們去公園玩，但只有一個人回來。』」

我問：「妳先生對這一切有什麼樣的感受？」

阿青笑著說：「喔，他只是覺得很恐怖。當我說完這些事情時，他嚇得倒抽了一口氣，並且說：『你怎麼會有這樣的想法？』我就是這麼想，而且我真的會這麼做，我不知道這個小孩什麼時候才不再激怒我。」

當阿青說完時，屋內一片寂靜。這裡有位媽媽正經歷著與兒子關係裡最深沈的苦痛。我簡短地感謝她來到我的班上，因為很明顯地，如果她沒有獲得一些協助，她可能會去傷害自己的小孩；但我也知道她的問題太嚴重了，因此無法在這裡完全地解決她的問題。她所需要的幫助比我所能給的還要多；然而，這可能是個開始，我覺得第一步就是去幫助她讓她覺得自己不是那麼孤單——不是像個怪物般的「壞媽媽」，而且更願意去接觸她內心裡許許多多再正常不過的感覺。

我有時候會遇到一些父母親，他們的憤怒來自於內心深處對孩子的怨恨。阿青讓我想起阿嘉——有個七歲女兒的單親媽媽，她前年因為無法控制自己的憤怒而來到我的班上。她承認道：「我對她說了一些極為糟糕的話，我甚至詛咒她，我非常非常地恨她，我都是自己一個人，我必須照顧她和還有我的工作，我覺得我的生活沒有樂趣都是她的錯。」阿嘉承認自己懷有報復的恨意是一天一天累積造成的。她已經跨越了介於正常父母親「短暫地抓狂」與情緒虐待的父母親之間的界線，而後者所需要的長久性與密集性的協助，則不是我的工作坊所能提供的。

然而不管怎麼說，阿嘉也因為來上這個課，多多少少得到一些幫助。團體的支持可以是一個強而有力的協助，特別是當一個人感到孤單、不知如何是好的時候。我最後鼓勵阿嘉去尋求專業的協助，我相信這也是對阿青最好的解決之道，她最後帶她的兒子去一間提供心理治療的托兒所，而她也加入一個發展遲緩兒童的父母親團體。在此同時，這些媽媽們引發了一個我想要和團體成員更深入探討的話題。

這些日子以來，父母親無法控制憤怒的這個主題一直在大家心裡盤踞許久，而報紙裡充斥的都是令人震驚的兒童虐待事件，有時候虐待更是導致兒童死亡的原因，我們都很怕這樣的事情發生。我們很想知道，這樣的憤怒可能大到怎麼樣的程度？我們可能會像那樣失去控制嗎？兒童虐待事件讓我們全身起雞皮疙瘩，因為在某種程度上，我們承認我們跟這些人是一樣的，只是在某個事件上區分出這些是虐待兒童的父母而那些不是。在我們成為父母以前，我們絕對想像不到，憤怒對我們而言也會是個問題。但是當了父母之後，事實就一一擺在眼前：一個腹絞痛的嬰兒讓我們一個晚上接著另一個晚上都無法成眠，實在是累到不行時；當我們設法把一個叛逆、尖叫著「你不能命令我！」的三歲小孩放到她的床上時；當我們叫一個七歲小孩打掃他的房間，他竟然咆哮著說「你又不是我的老闆」時；當我們訂下晚上回家的時間，而十幾歲的孩子竟然咒罵我們時，突然之間，我們發現自己正在尖聲喊叫、打小孩，或威脅他們——我們心中充滿了怒氣。許多父母告訴我，當他們和小孩在大庭廣眾之下當眾吵鬧時，他們覺得很恐懼而且也很丟臉。他們想像每個人在看他們，批評他們是非常糟糕的父母。他們很害怕他們看起來像是在虐待小孩的樣子，即使他們知道自己不是（孩子們意識到這種恐懼，所以有時候他們就會利用它來反抗我們，就像一個對母親愈來愈生氣的小孩，毫無來由地在公眾大廳大叫：「不要像上次那樣折斷我的手臂！」）。而目前在我們的團體中，許多人有能力去區辨哪些人真的是會虐待小孩的父母親；他們只是太注意中間那條區隔**想要**去傷害和真正去傷害的細線。那是一種很不愉快的感覺——害怕原本是我們所心愛且負有保護義務的小孩，卻因我們失去控制而傷害了他們。

就是這種情緒上的衝突，使父母親如此急切想在一個安全、不批判的團體環境裡去談他們的憤怒，並尋求忠告及建言。現今，有為數眾多且有效的資源可用來幫助父母親學習如何在教養孩子方面做得「更好」，書店裡更有一整區的書櫃都奉獻在這種「做得更好」的追求上——包括各種節目、課程以及雜誌的文章。但是相當諷刺的是，有時候這些豐富資訊卻讓那些想要做到最好的父母親加深痛苦的感受。他們想要學習如何做一個「好」而且慈愛的父母，但是在實際施行的方法上，他們卻幾乎得不到任何建議。

我對參加工作坊的團體成員說：「很多人都認為教養子女的能力應該是與生俱來的，我對此想法感到訝異。事實上，我很少遇到自然而然就懂得如何教養子女的父母親，我自己當然也不是這樣的父母！」父母親的內心裡充斥著罪惡感，我們假定：如果小孩快樂，我們就是好父母；他們如果不快樂，我們就是很糟糕的父母。而且有時候我們真的難以相信，我們的小孩竟然可以引發我們這麼強烈的生氣情緒。我詢問其他父母是否曾經歷過和阿青一樣的憤怒與挫折。

兩個孩子的年輕媽媽阿黎想要發言：「當我的女兒兩歲時，她好像從一個可愛、討人喜愛的小孩變成一頭怪物。她曾經讓我的心像唱歌般快樂；現在，特別是在小貝比出生後，小榛變成了令人討厭的傢伙。有好幾次當她對我做出那麼令人討厭的行為時，我只想從她的頭把她打下去。我簡直不敢相信，我會對她有這樣的感覺。」

「我懂你的意思」阿桂點點頭並說道：「我四歲的小孩有時候也真的很難對付。我不會打他，但在幾個禮拜前，我卻非常用力地搖晃他，以致於我很害怕我真的傷到他。現在，當他的行為脫序時，我就會把他放到他的房間去，因為如果他在我的視線裡再多停留一秒鐘，我怕我不知道會做出什麼事情來。」

憤怒情緒對父母親而言是恐怖的經驗。當我們想要有小孩，或是我們正在懷孕時，我們絕對無法想像這樣的狀況。我相信，能夠在不被批評的情境裡，討論這些令人害怕的情緒是非常重要的。面對它們需要很大的勇氣。

有個兒子唸幼稚園的阿漣點點頭：「部分原因是因為懷孕時，我們會非常浪漫地憧憬我們會生下討人喜愛且如天使般的嬰兒，因此當事實和憧憬不一樣時，就變成令人沮喪的事了。我的兒子一生下來就有過敏症，所以從一開始他就很難帶。我很生氣，因為沒有一件事和我當初想的是一樣的。這就像你得到了一個禮物，你很興奮，但是當你打開禮物時，你卻發現它跟你想像的完全不一樣，但是你卻又必須去面對這種失望。當我兒子兩歲的時候，他非常難帶，但我必須提醒自己，他並不是故意要惹我生氣。我也發現保持距離絕對是不可缺少的。一天二十四小時我都和他在一起，我並不知道我有多麼需要離開他一下。當我開始聘請臨時褓姆，以方便我可以外出或做我自己的事時，我發現許許多多的憤怒都變小了。」

當我在課程結束後思考這件事時，我發現那天的討論已進入另一個不同的境界。當大多數父母願意坦承他們會沒完沒了地責罵小孩、對他們大吼大喊或是生氣，或有時候他們會打小孩時，這提供了另一個更大的空間，容許他們去談論內心深處對孩子的憤怒或恨意等隱諱的情緒——有時候這些情緒可能導致一些殘忍的言行，及各種甚至只要用想的就會覺得很可怕的虐待方式。容許我們去表達這些較為嚴重的憤怒方式非常重要，因為它們在我們這個充滿壓力的社會是真實存在的事實。虐待可能在父母親沒有能力看到孩子好的一面或是無法區別感覺與行為時發生。我的學生阿宜最近才和一位有個十四歲女兒的男士結婚，在團體中她提到她強烈的恨意。

她說：「這個男人是我想要和他過下半輩子的人，但是如果不是為了小燕，我們在一起的生活簡直愉快極了。」阿宜抱怨小燕運用她的權力做盡每一件可以破壞他們婚姻的事，「她公開表明了她不喜歡我，而且也不接受我任何主動示好的邀請，例如，如果我問她她是不是想要去逛街，她就會搖頭，而且不回答隻字半語就回她的房間去。不管什麼時候我努力想要跟她講一些剛發生過有趣的事，她都會努力做出那種難以忍受的無聊表情。」

我注意到一件事：「那聽起來非常像十四歲小孩常見的行為。」

阿宜答道：「我想大多數時候這可能是真的，但是她對我在這個家裡面新位置所產生的敵意也是明顯存在。在這個家裡，小燕並不接受我的權威，如果我要她在哪一個時間之前必須回家，她就會故意比那個時間更晚回到家；當我要求她做家事時，她就拖著她的腳然後一直抱怨，一直抱怨，一直到你覺得叫她做這些事一點也不值得。最糟糕的是，她常常製造一些導致我和我先生爭執的場面。最近我告訴我先生，我認為我們應該等小燕打掃完她的房間，才給她買裙子的錢——她一直吵著要買某一條裙子。他卻站在小燕那一邊，然後說我太嚴格了。」她無助地看著我，「我已竭盡我所能了，但是沒有我先生的支持，我無法展現我的能力。」

事實上，阿宣也被她的所見所聞困擾著——她看到小燕努力破壞她和先生要一起共度的某個特別的晚上。她提到那個情況是，她非常熱切期待這個只有他們兩人外出共度的晚上，卻因為小燕突然的胃痛而被迫取消。阿宣非常憤怒，因為她相信這是小燕為了操控這一切而假裝胃痛的。但是當她把這個懷疑告訴先生時，他變得十分生氣，然後告訴她說，他對她總是只看到小燕最壞的一面已經感到很厭煩。

阿宣很生氣地說：「小燕正在破壞我的婚姻，我看到這件事情正在發生，但是我不知道該怎麼辦。我強烈地不喜歡這女孩，而且痛恨她干擾到我的幸福，這樣說聽起來好像太自私也太刻薄了，但是我知道如果她不在我們身邊，事情將會順利得多了。」

這家庭已陷入一個再婚家庭相當常見的困境。他們需要找到方法——也許藉由專業的協助，各自後退一步，以更客觀的角度來觀看他們的處境。如果阿宣知道，要小燕去面對繼母這樣的角色，怨恨應該是無可避免的反應，可能對她有些幫助。此事件亦不像它表面上看起來只是個人的問題，小燕的行為傳遞出她正受傷害而且感到沒有安全感的訊息。阿宣的先生害怕太嚴厲將會加深他女兒的痛苦，但這麼一來，他逐漸在此過程中放棄了父親的威權。阿宣夾在中間，她覺得她遭受到來自兩邊的攻擊。專業的協助可能可以幫助他們彼此開誠佈公地談，並檢視他們的害怕及敵意的來源。之後阿宣可能可以開始理解小燕的感覺，而在理解之後要求及提醒自己說：「小燕這麼討厭我是因為她受到傷害。」阿宣與小燕可能永遠都不會很親密，但最起碼這個家可以學會如何一起相處。

即使阿宣是位繼母，但是她的情況並不算特殊。許多父母親發現自己——可能因為各種不同理由，就在某個節骨眼上看不到小孩的任何優點。這些父母親很想知道，他們怎麼會變得對他們的孩子不抱任何幻想，他們努力想要獲得一個可以協助他們採用不同角度來看小孩的觀點。

儘管如此，一些從不認為他們自己會虐待小孩的父母親，偶爾看到自己對著孩子不斷地、重覆說著負向言語時，卻不曾覺察他們的指責有多麼的傷人。父母親可能會對一個身體扭來扭去、坐不住的五歲小孩說：「你*總是*搞砸了我們的晚餐時間。」父母親責罵想要某個特殊玩具的九歲小孩說：「你看，又來了，從來都不知道滿足。」父母親可能對一個到了便利商店，卻忘了買某樣東西回家的十幾歲小孩大吼說：「你就不能*有一次*記得每一樣事情嗎？」使用絕對的字眼像「總是」、「從不」、「從來」所傳遞出來的訊息，並不是小孩做了或說了什麼不被接受的事，而是*他*或*她*這個人自始至終是不被接受的。

有個人曾經說過：「棍子和石頭會打斷你的骨頭，但是言語卻會使你的心破碎。」這個提醒是，如果父母親一直用嫌惡的口吻或一長串鄙視的字眼來和小孩說話，言語有時候甚至比行動還具破壞性。當我們批評我們的孩子時，他們**相信**我們；他們對於我們暗示說我們不愛他們或不要他們總是非常敏感：

你要是……該有多好！
如果你不是這麼……
你從來都不……
如果不是爲了你……
你總是吵得我不能做事。
什麼時候你才學得會……？
你將來成不了氣候的！
我放棄了——你眞的是無可救藥！

有時候人們發現，他們自己被每天的養育工作——其可能導致長期性的神經衰弱與精疲力竭，所淹沒。長期下來，小孩就成為我們生氣的對象——他們成為代罪羔羊，他們成為必須為我們的壞心情、睡眠不足、家裡亂七八糟等等事情負完全責任的代罪羔羊。我們發現自己會開始懷疑，當初怎麼會想要生小孩。此外，當我們往前看時，鋪陳在我們面前的卻是永無止境悲慘的日子。這真令人感到悲哀，但是我們必須利用每一個可用的資源來改變，不管是為了我們自己或是為了我們的小孩。

尋求幫助

曾經有人說過這樣的觀察：「有些人認為地獄一定就像哭個不停的嬰兒一樣。」如同父母親會因為小嬰兒充滿歡樂地迎接他們回家而感到無比興奮一樣，每一位父母親也都經歷過小嬰兒哭個不停的情景。我們之中大部分的人都曾咬緊牙關撐過小嬰兒腹絞痛、長牙及半夜哭鬧不停但天總是不亮的日子。然而在過去這些年來，媒體卻也披露了許多父母親在過度的壓力中「兇性大發」的實例。

如何區別一位「正常」媽媽，及一位極端地使用暴力以使小嬰兒停止哭泣、並藉此表達憤怒與疲累的媽媽？我們都認為我們絕非那種走在自身繩索另一個極端的女性——藉由將小嬰兒的臉壓在水裡，或用枕頭壓住他們的臉，以使他們停止哭泣。但我們會懷疑，真正的我們和她們有多大的差別？我們害怕我們潛在、且伺機而動的邪惡衝動將會使我們一發不可收拾。根據ABC電視台一個和這個主題有關的節目「20／20」的報導，「哭個不停的嬰兒」是造成現代美國人虐待兒童的首要原因。資料顯示，有十分之一的小嬰兒不管他們的父母親做了什麼——像是唱歌給他聽、拍他的背、搖晃他、不停地來回走來走去、餵他吃東西或是變換各種可能可以安撫小嬰兒的方法——他們仍然不會停止哭泣。有些小嬰兒甚至能哭到數小時之久才會停止，就像是擁有超乎常人的精力一般。這些狀況讓父母親感到無助、怨恨，而且內心經常充滿厭惡與憤怒的感覺。就像我多次提到的，情感和行動並不一樣，但是許多父母親告訴我，當他們發現自己對一個「天真、無助的小嬰兒」竟然有那麼強烈的負向情緒時，他們內心就產生了巨大的罪惡感。就像一位媽媽所說的：「我覺得我的貝比就像是一隻黑寡婦蜘蛛，她吸乾了我所有的血；我只剩空殼，什麼都沒有了。我已經乾涸了。」

一位新手媽媽，阿智，就像變戲法般，忙於應付小嬰兒對一位全職媽媽的各項要求。她說：「真令人難以置信，這麼小的一個嬰兒竟然擁有這麼大的權力。我是個成人，我應該能掌控一切。然而，有時候當他躺在嬰兒床上一再地尖叫時，我卻感到十分無助，並對他感到憤怒不已。有個晚上我非常的疲倦，但他卻哭個不停，我只能把我的頭靠到嬰兒床邊，然後開始哭了起來。我只做了這樣的事——我看著他說：『你為什麼要這樣子對我？』」

在《哭泣的嬰兒，不成眠的夜》一書中，瓊斯女士[註]指出，小嬰兒哭個不停會讓有些媽媽感到生氣，那是因為她們擁有某些信念——她認為這些信念是一種「完美媽媽」的迷思。瓊斯女士寫道：「隱含在這迷思下的想法是，媽媽們假定她們該為小嬰兒的反應及行為負責……如果小嬰兒哭了，讓小嬰兒停止哭泣是媽媽的責任；如果小嬰兒不睡覺，那麼找到一個讓小嬰兒睡著的方法，則是媽媽的任務。」

註：瓊斯女士英文全名為Sandy Jones，《哭泣的嬰兒，不成眠的夜》在原文中為*Crying Babies, Sleepless Nights*。

瓊斯女士提到一個對新手媽媽所做的調查，這些新手媽媽被問到當她們無法讓哭泣的小嬰兒停止哭泣時，她們會有什麼感覺，她們的回答包括了：「敵意」、「暴力的」、「溫和的生氣」、「十分惱怒」、「沒有自信」、「剛開始覺得很受傷——然後就很冷漠」、「剛開始很煩躁／生氣——後來就放棄」、「害怕」、「擔心」、「焦慮」、「沒有慈悲心」、「可怕」、「像是要殺了她」、「被需要的」、「怨恨的」、「困惑的」、「受夠了」——這些語彙包含了情緒所有的範圍。

阿琪一歲大的小孩開始長牙了，幾個禮拜來，這個曾經是陽光小孩的她都是一把鼻涕一把淚地尖叫；阿琪另外還有兩個分別為六歲及四歲的小孩，還有一個經常在外經商、一連數個禮拜都不在家的老公。她跟工作坊的團體抱怨說她已經心力交瘁，完全被打敗了。她疲倦地說：「我一個晚上平均只睡四小時，我是一顆不定時炸彈——我已被拉扯到我的極限了。帶那兩個大的我從來沒有碰過這樣的困難，所以我一點心理準備也沒有。上星期我已到了崩潰點。有一天晚上我先生回家了，這是這兩個禮拜來我第一次見到他，而隔天他又要走了。我祈禱貝比會乖乖安靜的，因為我多麼想要在這段時間和我先生好好聊聊！但是整個晚上每半小時她就這樣跳上跳下，我只好跟著這個無法靜下來的小孩在地板上走來走去，我也就沒有時間和我先生多聊一下。因此，我的心無法平靜下來，我整晚都在啜泣，然後以生氣並充滿仇恨的口吻對我的小孩說話。我懷疑自己要花多少時間才有能力處理這所有的一切，我害怕我可能會做出什麼傻事來。」

「隔天我打電話給一個住在同一條街上的朋友，我哭了出來。她是一位上了年紀的女士，她有五個小孩。她馬上到我家來，並且叫我出去晃幾個小時再回來。我上了車，開車到購物商場逛逛。過了一會兒，我覺得自己的血壓下降了。我坐在戶外的咖啡座，緩慢地吃著午餐然後放鬆自己。我想到我的生活，以及我有多愛我的小孩們。我知道這是一段辛苦的日子，但是這樣的日子不會持續太久。我開始對我的貝比充滿慈愛的感覺——這是幾個禮拜來第一次對她有這樣的感覺。這個短暫的休息拯救了我的生活！」

幾乎每一位媽媽都相信自己應該能夠冷靜地處理小嬰兒的各項要求，而憤怒應該留給那些「罪有應得」的人——那麼小嬰兒怎麼可能會是那個「罪有應得」、應該承受我們憤怒情緒的人呢？事實上，父母親應該學會，對小嬰兒有生氣及怨恨的感覺是可以被接受的，只是這些感覺應該像警訊一般，提醒你需要在這些情緒爆發之前好好休息一下。碁琳葛女士[註]在她《哭泣的嬰兒》一書中很有同情心地寫下新手父母的困境：「任何一個有愛哭小嬰兒的爸爸或媽媽可能正處於對小嬰兒使用暴力行為的危險中。那些會打小嬰兒、踢他或把他扔到地上的人並不是兇殘的怪物，他們是已走到自身極限的人類，他們已經超過容忍的極限，然後失去控制。」

註：碁琳葛女士英文全名為 Sheila Kitzinger，著有 *The Crying Baby* 一書。

回歸內心深處

對一個我們所愛的人，我們竟然會產生如此強烈的憤怒感受。對此現象，我們所能想到的好理由是，當我們生氣時，我們會想要讓對方感到痛苦或給予處罰。我們會不經思考地說出我們想得到的最銳利的、最傷人與最下流的話，來咒罵及攻擊那個惹我們生氣的人。

阿妮提到有一天她在幫小敦換尿布時，他故意踢她然後笑得很開心的情景。

小敦：踢你！

阿妮：請不要踢我，我不喜歡被人家踢。那會讓我受傷。

小敦（又再踢了一次）：踢你！

阿妮（直直地抓住他的腳）：踢我會讓我受傷，如果你再踢我，我就把你自己留在這裡。

阿妮說：「當我這麼說時，小敦又再踢了我一下，這次他踢到我的臉。我舉起我的手想要狠狠揍他，我想用傷害他來回報他——讓他也嚐嚐痛苦是什麼樣的滋味，他的眼神似乎也挑釁我這麼做，但是我阻止自己這麼做。可是我仍然氣壞了，而且感到非常挫敗，因為就在那時候我真的非常厭惡他。」

幾年前，《父母親》雜誌針對一萬名美國人民所進行的民意調查顯示，60%填寫問卷的父母親說，他們認為打巴掌或打屁股是可以被接受的。然而就像我之前提到的，我認為打巴掌或打屁股，最好的結果就是它沒有效果，但是最糟糕的結果卻是示範了大欺小的模式，還有可能出現虐待的行為。

我班上的一位女士阿信，很生氣地談到她十歲大的兒子：「他是這麼粗魯無禮，有時候就是需要好好把他痛打一頓。」

我可以在她的臉上看到挫敗的神情。「讓我們來談談打人這件事，阿信，你小時候被打過嗎？」

阿信回答：「喔！一直都是啊。」

「試著回想一下，你還記得那是什麼感覺嗎？」

阿信皺起眉頭：「糟透了。我討厭我媽媽，我總是生活於非常恐懼之中，我猜這就是為什麼即使到了現在，我們的關係都不是很好的原因，因為我是這麼怕她。我也記得，當我的弟弟們打架時，她開始發脾氣，我就會嚇得跑去找地方躲起來，因為我不想也成為她發脾氣的對象。」

我說：「所以在你的這段記憶裡，打小孩是非常有用的——你因為太害怕了所以不敢不順從，你因為怕被打，所以你一定不會去做某些事。你覺得如果你的媽媽不會打人，那你就會更不聽話嗎？」

「可能吧。」阿信如此回答，可是聲音聽起來有些疑惑。

這就是為什麼有些父母親相信打小孩是有效的，而且理由充分的原因之一。但是看看阿信對她媽媽那些害怕與痛恨的情緒。我對她說：「聽起來好像即使到了現在，你仍然無法原諒你的媽媽。」

阿信點點頭：「沒有辦法，想到這個仍然會讓我抓狂，而且她還說我打我兒子打得不夠——我把他給寵壞了。」

「而你也同意你兒子就是需要被揍，也就是說，打了他之後，他就不會再粗魯無禮了。」

她歎了一口氣說：「我不知道我還能做什麼？」

我說：「記住你自己的感覺，你是因為害怕才服從的。」

因為害怕才順從的小孩只會在害怕時，才做出順從的行為。像這樣子的小孩，如果沒有更強而有力的權威人士在旁監督控管的話，絕不會發展出自我內化的對錯觀念。

有四個從九歲到十七歲小孩的阿杜補充說明道：「還有，如果你的小孩怕你的話，當他們真的需要你的時候，他們並不會來找你，他們並不認為你會站在他們那邊。我要我的孩子們在受傷或心煩時會想要來找我。」

阿信接著說：「這我知道。我絕不會去問我媽媽她的看法或是告訴她我的心事，因為她可能會開始發脾氣然後就處罰我。我記得有一次我不小心沒搭上校車，我就被她揍。所以下一次沒搭上校車時，我就沒有告訴她，我自己去搭公車。」

我對著阿信微笑著說：「這可能不是你原先想要做的，但是你現在正告訴我們一個非常具有說服力的論點來反對打小孩。」

大多數的父母親就像阿信一樣，相信體罰可以帶來正向的結果；但是，通常打小孩、打耳光或是打屁股都是在我們最生氣的當下所進行的處罰。有多少父母親在他們冷靜之後還會打小孩？我懷疑可能不多見吧？因此，這應可說明肢體暴力是個有瑕疵的解決方法。

我們也必須考慮到，摑掌在兒童善惡觀念發展過程中所扮演的角色。就像我對阿信說的，一個主要因為怕被報復才去做事的小孩，將無法自主地形成善惡對錯法則，以作為未來歲月不時之需。佛雷博格先生[註]在他《神奇歲月》一書中非常詳盡地闡述這個概念，他寫道，當父母親打他們的孩子時，「這個控制不聽話衝動的動機是一個來自外在的動機，是對於外在權威及處罰的害怕，然而我們將會發現，植基於此基礎上的善惡觀念並不是十分可以信賴的道義準則。」

當你知道你想要去傷害你的小孩時，那真的是非常嚇人。參加工作坊的一位父親提到一件至今仍深深影響他的事：「我們正在吃晚餐。剛開始時我的心情不是很好，因為我剛過完極為糟糕的一天。我才十二歲的女兒小若告訴我，一個男孩子邀她在星期五晚上到他家參加派對。我想也沒想就斷然地告訴她：『不准去，你還太小不能去男生家。』起初，她求我讓她去，並告訴我所有她想得到可行的理由。她真的是吵得我不得安寧，我真的沒有心情去管這些東西，所以我又很大聲地再說了一次：『不可以！』她站了起來，把椅子用力推開以致於它翻倒了，然後對我大叫：『**去你媽的！你真是個大混蛋！**』我簡直怒火衝天——現在我明白了什麼叫做『氣到失去理智』，我站起來，很快地到了她的面前舉起我的手，她開始跑回她的房間，我追她追到了客廳，我太

註：佛雷博格先生英文全名為 Selma Fraiberg，著有 *The Magic Years* 一書。

太在背後叫我住手，但是我太生氣了。小若將她的房門鎖起來，所以我開始用力捶門然後叫說：『讓我進去，不然我就把門撞壞！』我想我真的會這麼做。她開了門，害怕地抖縮著。我抓住她並且用力地搖晃她，然後打了她一巴掌：『你敢**再**對我說那樣的話，你試看看。』她哭得像發狂一樣，而此時我太太也抓狂了。我走進客廳坐在椅子上，我的手正隱隱作痛。我的心情太亂了，因此我沒有辦法思考。當然，稍晚的時候，我心中就充滿了悔恨，我走進小若的房間想要做點什麼來彌補，但是她根本不跟我說話。隔天早上，小若很早就到學校去了，但是當我下樓去吃早餐時，我的盤子上有一張字條。」

給爸爸：

昨天晚上我好怕好怕你。你傷了我的心，也傷了我的外表。你傷了我的心是因爲你對我那麼生氣，讓我以爲你不再愛我了。我很抱歉我對你說了那些話，但是我認爲你也應該跟我抱歉才是。在某方面，我仍然對你非常生氣，但是我還是很愛很愛你。我希望你還是一樣愛我。

小若筆

「這張字條讓我紅了眼眶。我覺得自己是如此蠻橫霸道，我真是個惡霸！我想了一整天，而讓我最害怕的事是，我竟然無法控制自己的憤怒。如果我嚴重傷害到她，我該怎麼辦？我無法原諒我自己。即使後來我有道歉，而且我們也已經言歸於好了，但是我覺得在這個家裡，我塑造了一股害怕的暗流，這是以前不曾有過的。」

這位父親並不認為他自己是個虐待兒童的人，但是他承認在這樣的情況下，他做出了虐待的行為。如果虐待已成為他的行為模式，那她的女兒可能就不會如此自然地寫出一張充滿愛意的字條給他。在家庭裡，父母親通常會強而有力地影響他們的小孩表現出什麼樣的行為，所以父母親可能造成最持久性的傷害——甚至創造出另一代潛在的兒童虐待者。

打破虐待的惡性循環

最近一些研究指出，被父母親虐待的小孩——無論是被身體虐待、情緒虐待或是性虐待，常常在長大後，自己也變成虐待小孩的父母親。根據布雷蕭先生[註]的看法：至少有一千萬人在小時候是家庭暴力的犧牲者。布雷蕭先生提出警語：惡性循環已經形成。雖然並非每一個受虐兒童長大後一定會成為虐待小孩的父母親（有時候情形剛好相反，父母親對待小孩的態度反而過於寬大），但是最近一份由聖路易州華盛頓大學社會學者所進行的研究指出，這些幼年時期受虐的成人生活功能通常不佳。而一項針對二百名成年人進行的研究顯示，非常高比例的憂鬱症或酗酒患

註：布雷蕭先生英文全名為 John Bradshaw，著有 *Bradshaw On: The Family*。

者在小時候曾經遭受嚴厲及不公平的管教方式。社會學家霍姆茲女士及羅賓斯先生註[1]在《今日心理學》雜誌中指出，「許多父母親對小孩有害的管教習慣並未到達嚴重的忽略或虐待的程度」，不過他們的結論卻是，這些習慣將使孩子在長大成人後成為心理疾病的高危險群患者。此研究最引人注目的地方是，他們發現很多受試者在孩提時代是生長在所謂的正常家庭裡，此顯示了虐待行為的出現並不一定同時需要經濟或社會的因素的影響。

進一步的研究顯示出，被體罰的孩子缺乏同理心及關心他人的特質。加州大學柏克萊分校針對遭受身體虐待的學齡前孩童進行研究，蒙恩及喬治兩位學者發現註[2]，受虐的學齡前兒童不僅反應出他們父母親的自我孤立及攻擊的行為，他們也像他們的父母親一樣，以充滿害怕與憤怒的行為——似乎是反射性動作，來讓其他小朋友感到難過與苦惱。例如，看到或聽到他們同伴的哭泣時，他們不僅沒有任何同情或關心，他們反而表現出從生氣到肢體攻擊等的行為反應——包括大叫喊「住嘴！」、發出噓聲、張牙舞爪、打耳光，甚至痛打那個苦惱的小孩。

這是個嚴肅的研究。即使抱著寬恕心態打小孩以及採取嚴厲處罰的父母親，都不是有意要助長他們的孩子變成一個對他人殘忍或沒有同情心的人。但是事實上，結果通常都是這樣！

註 1：霍姆茲女士及羅賓斯先生英文全名為 Sandra Holmes 及 Lee Robins，其觀點發表於 *Psychology Today*。

註 2：蒙恩及喬治兩位學者英文全名為 Mary Main 及 Carol George，其研究結果發表於 *Developmental Psychology*。

虐待行為並不一定都是挫敗情緒或是過大壓力下的犧牲者。對某些父母親而言，他們抱持著非常嚴苛的行為標準，因此嚴厲的懲罰只是想給孩子一個教訓，但這懲罰不一定會導致身體上的傷害。根據國家兒童虐待防治委員會的執行長柯恩女士[註]所言：「情緒虐待是所有兒童虐待中最為可惡的一種形式，骨頭斷了它會自行癒合，但是破碎的心靈並不是那麼容易好。」許多年前，一位加州的母親獲得報章媒體的廣泛注意：她將她七歲大的兒子雙手綁住，並讓他坐在前面院子的椅子上；在他的臉上，她粗糙地用硬紙板做成了一個豬鼻子；在他的脖子上，她掛了一個手寫的標語：「我是一隻大笨豬。每一次你說謊及偷東西的時候，就會變得像我一樣醜。我的手會被綁住是因為我無法被信任。這是一個教訓。看我吧。笑我吧。小偷。偷東西。壞男孩。」當鄰居聚在一起盯著他瞧時，這個年輕男孩的臉頰流下羞愧的淚水。

當我工作坊的父母親看到這篇報導時，他們急切地想要討論這個問題。沒有例外地，他們的心全飛到這個被迫承受這樣一個公眾侮辱的小男孩身上。一位女士說：「這是我所聽到最糟糕的虐待事件了，如果她用皮帶打他，也不可能會再造成更大的傷害了。」其他人都同意這個說法，而加州政府也是——他們將這位媽媽送上兒童虐待法庭。

國家兒童虐待防治委員會每一年大約會收到二十五萬件情緒虐待的報告。就像身體虐待一樣，情緒虐待通常也是從上一代傳

註：柯恩女士英文全名為 Anne Cohn，其擔任 National Committee for Prevention of Child Abuse（NCPCA）執行長。

到下一代的行為模式。事實上，豬鼻子事件中的這位媽媽聲稱，她自己的媽媽在她小時候也對她做過類似的懲罰。

並不是每一位父母親都能夠不經過辱罵他人就能化解自身的憤怒，而自己小時候曾經遭受過虐待的父母親可能需要專業的協助來打破此惡性循環。但是大多數的父母親常在某些時候懷疑自己的行為是否已越過了那條線。你怎麼知道你自己是不是超過了？請記住，當你有「我想殺了這孩子！」這樣的想法時，這是正常的，但是當你真的這麼做時，又是另外一回事。像我們之前所注意到的，能夠坦承極端的憤怒情緒，將可帶來如同打開壓力閥讓一些蒸氣排出去的效果。換句話說，如果你常常動手打小孩而無法住手，或是你的壓力很難紓解；如果你每天早上起床時都會很沮喪地想到，你又要跟你的孩子們磨上一天時；如果你發現，除了責罵他們之外，你實在找不出什麼好話來稱讚你的孩子；如果你發現你不是在某個特定時候，而是更常在一般時間出現討厭自己孩子的感受時；如果你認為你的小孩太壞了，不值得你給他愛與支持時，你可能需要協助。上述這些反應超越了每位父母親正常憤怒的經驗法則。在本書中，我的重點放在一般慈愛的父母親偶爾會爆發的憤怒情緒經驗——這種憤怒我相信即使在健康的家庭裡仍是無法避免的。如果你超越了那條界線，有許多地方可以尋求協助。全國性父母親匿名諮詢熱線[註]是 1-800-421-0353，開放

註：台灣地區全國性諮詢輔導機構有：

生命線，電話直撥 1995；

張老師，電話直撥 1980；

家庭服務中心，請查詢各地區服務專線號碼。

時間是太平洋標準時間早上 8:30 至下午 5:00；如果無人接聽，父母親可撥全國性二十四小時服務電話 1-800-448-3000 尋求協助。此熱線電話是由美國少年城所贊助。

抓狂不是壞事 8

強加在孩子們身上最殘忍的事，莫過於拒絕他們表達他們的憤怒與痛苦，除非他們願意冒險失去父母的愛與呵護。

——愛麗絲・米勒[註]

註：愛麗絲・米勒在原文中為 Alice Miller，此段文字摘錄自 *For Your Own Good*。

在我成長的過程中，我很快地學會遠離麻煩及討好大人最好的方法是，表現得討人喜歡與順從，即使我的感覺不是那樣。爭辯、不同意，或表現出強烈的憤怒或不滿意，都是不被接受的。

我哥哥的敵意就公開得多了，尤其是對我們的繼父、對我，及對他的同伴。由於他暴躁的壞脾氣，他常常在學校及在家裡惹麻煩。看到他因憤怒所招致的後果，給了我更好的理由去壓抑我自己的憤怒。我總認為不生氣是遠離麻煩及獲得稱讚與欣賞最好的方法。

我逃避憤怒的行為對一個小孩而言並非不尋常。由於養育的結果及文化持續不斷的強化，我們之中大部分的人對於公開表達憤怒、嫉妒、羞辱或失望都會覺得不舒服。因此當我們的小孩表達這些情緒時，我們通常會被嚇到。認可孩子們採用強烈的方式表達他們的慎怒，及證實此憤怒的真實性，對父母親而言是非常困難的事。當我們的小孩生氣時，我們會試圖告訴他們丟掉他們的感覺，並盡快趕走怒氣：

不要這麼大驚小怪。那又不是什麼重要的事。
你就不能溫和點嗎？
乖女孩是不會這樣做的。
看在老天的份上，又不是世界末日。
你不是眞的討厭你弟弟吧。
不要皺眉頭！
在這間屋子裡面，我們絕不說「恨」。

不要再哭了，否則我眞的就要讓你哭個夠！

你眞的很令人討厭。

你又怎麼了？

不要像個貝比。

你不是眞的生氣——你只是太累了。

你爲什麼一定要這麼做？

接受憤怒情緒是很難學會的一課——尤其對女性而言更是如此，她們從小就被教導並已習慣成為家庭中的和平使者。在勒能女士[註]的處女作《生氣的藝術》一書中，她提出下列觀點：

婦女長期不被鼓勵去覺察與直接表達憤怒。糖和調味品是我們組成的主要原素。我們是養育者、撫慰者、和平製造者及搖晃船隻的穩固者。我們的工作就是去取悅、保護及撫慰這個世界。

我們想要消除孩子的疑慮、給建議、提供解決之道，及減少孩子的抱怨，所持的理由就是幫助他們去掉不舒服的感覺。我們愛他們，但是看到他們不快樂讓我們很受傷。當我們這樣說「不用擔心，沒有這麼糟糕，你一定可以克服的」，常常是因為我們不想要他們去感覺他們所感覺到的；我們想要他們不舒服的感覺

註：勒能女士英文全名為 Harriet Goldhor Lerner，著有 *The Dance of Anger* 一書。本書台灣已有中譯本，書名為《生氣的藝術》，遠流出版社出版。

消失。

有個兩歲小孩的阿鳳告訴我，她是怎麼看到允許表達憤怒的重要性。

「在一天辛苦的工作之後，我在廚房剝洋蔥準備做沙拉。我很累，而我的腳因熱氣而腫脹，所以我靠在流理台邊工作。小如東倒西歪地走進廚房，並且大叫『不要住！』我問她：『你要幫我做沙拉嗎？』但她只是一直叫並重複同樣的句子——『不要住！』『不要住！』」

「我停下來，瞪著她看。這裡站著一個兩隻腳、頭髮鬈鬈的小孩對著我叫囂。我在想，她到底為了什麼事氣成這樣？她的身體硬綁綁的，彷彿被什麼東西接管了；她全身充滿了憤怒。我決定忽略她，繼續做我的事。但是她卻開始打我的大腿。我並沒有直接反應，我深吸一口氣，思考我該怎麼辦。」

「然後不知道為什麼，我突然想到自己的媽媽。她絕不可能讓我對她大吼大叫；如果我真的這麼做了，她準會將我打得屁滾尿流，然後我整天都會在害怕中度過。等到我爸爸下班回家，她會告訴他整件事，然後他會花兩小時左右來教訓我，說我對媽媽做出這樣的舉動有多麼的壞。最後，令人氣餒地，我必須向媽媽道歉。畢竟，他們是父母親，他們總是對的，他們制定所有的規定。」

「從來就沒有人准許我發脾氣，因此小我四歲的妹妹就變成代罪羔羊。每當我痛恨父母，但又不能表現出來時，我就痛恨我妹妹；每當他們對我吼叫時，我就對我妹妹吼叫；每當他們打我時，我最後就會以打我妹妹收場。我的雙親會時時干涉每一次的爭吵。他們無法理解為什麼我會對妹妹這麼惡毒，而我自己也不知道。往後二十年我都對我妹妹很生氣，直到我的心理治療師同意我發脾氣。」

「我正想著這所有的事情，而小如仍然紅著臉、尖叫著。我給了她一個完整的空間去發洩她的憤怒，相對於我小時候被剝奪的部分讓我熱淚盈眶，我多麼需要同樣的空間。天啊，給她這樣的空間感覺非常好。我甚至不知道她的憤怒從何而來，但是我允許她表達憤怒。」

「最後，她停下來了，精疲力竭地。她搖搖晃晃、可愛的小身體抱住我，然後將頭埋在我的大腿裡說：『我愛你。』我彎下腰來將她抱到懷裡說：『小如，我也愛你。』然後我們彼此擁抱，站在廚房裡很久一段時間。」

「然後她蹦蹦跳跳地跳出了廚房。」

我發現這個故事真是一針見血——當然不是因為我建議小孩在生氣時可以被允許踢人和打人，而是因為它顯示出阿鳳在自我覺察上相當大的突破。一旦她承認憤怒不是不好的情緒，而是正常的情緒，而且是她小時候從未被允許去表達的，因此，當她允許小如去發洩她強烈的不理性情緒，沒有批評小如有多壞（就像她小時候被批評一樣），這讓她覺得更自由了。

許多填答問卷的父母親在問卷裡表達出他們自己對憤怒不舒服的感受。

我有一對思想守舊的父母親，他們無法忍受我的憤怒或不禮貌。我生氣是不被允許的。因此，當我的兒子在表現憤怒時，他的無禮、野蠻，及令人非常不快的行爲讓我倍感威脅。這些舉動是我很難允許自己去做的，這也就是我感受到威脅的原因。

我會走上十哩路去避免發脾氣。我來自一個不允許發脾氣的家庭。

我總是在想一個完美的父母親是不會發脾氣的。她的聲音低沈且音調控制得宜。她自我控制得很好。當我聽到從自己口中發出高音調的尖叫聲時，我就很痛恨我自己。

當我的小孩發脾氣時就讓我很煩躁，因爲我覺得我一定做錯了什麼。我要他快樂，而當一個人生氣時，他就不快樂。

我們全家人在一起相聚的時間實在太少了。我很討厭時間還浪費在負面的情緒上。

我總是學到，如果你愛某人，你會很親切並且想要設法瞭解他。當我生氣時，我會覺得那不是我的「比較好的自我」。

當我漸漸長大時，我總是覺得我的情緒一直被打壓，所以我決定要讓我的女兒充分去表達她自己。現在，有時候我想我又走過頭了，因爲她太會表達她自己了。

我的兒子是如此反覆無常與暴躁，因此我發現自己常常戰戰兢兢以防止他突然爆發。他的憤怒常令我提心吊膽。

一旦我們接受我們小孩的憤怒是正常的，我們就能夠去尋找方法認可它，並允許他們去解決他們的問題。好消息是，一旦我們認可小孩憤怒情緒的正當性，我們就能幫助他們消除憤怒，繼續往前走。我工作坊的一個學生阿斐，發現這是真的。她說起她的兒子小巍的故事：「我答應我四歲的兒子小巍，要買霹靂貓的玩具給他。他已經要了好幾個月了。玩具店說星期二前會到，因此小巍每天在那裡數日子。但是當我們星期二到店裡面時，他們卻說還沒到。小巍把他的頭藏在我的裙子裡不出聲的哭。當我們離開玩具店時，失望感強烈地攻擊他，他的啜泣就愈來愈大聲。」

阿斐：我知道你有多麼失望。

小巍（現在變成生氣了）：他們沒有權利這麼做！對小孩子

不守信用！

阿斐：我知道。這真是件倒楣的事。

小巍（十分憤怒，不哭了）：我想要殺了他們。我要去把他們通通殺光。

阿斐：喔！你太生氣了，你希望可以把店裡面的人全部殺光光。

小巍：對，下次我看到他們我就要這麼做。

阿斐：那你打算怎麼做？

小巍：我會先打電話叫超人來幫我。

阿斐：那超人會怎麼殺人呢？

小巍：超人不會殺人。但是我和超人的關係很好，他會聽我的。嗯，可能他不會殺人，但是他一定會很生氣。

這位媽媽允許她的小孩使用幻想作為憤怒的安全出口。當小孩開始談到殺人時，就像小巍所做的，許多父母親可能就會說：「不可以這麼說。這麼說太可怕了。」然後開始擔心小孩的暴力情緒。阿斐並沒有這麼做，她克制自己，讓小巍在心裡演完這齣戲，然後確認**語言和情緒並不等同於行動**。她發現當她允許小巍幻想時，他的憤怒也逐漸消失了。

孩子們的心智是豐富幻想的貯藏處，而他們表達憤怒的方式通常超乎我們這些嚴肅大人難以理解的想像。但是伴隨著想像的角色扮演，有時候可讓小孩遠離憤怒。一位媽媽藉著說出她自己的幻想來處理困難的情境。

阿敏回憶說：「我把我五歲大的兒子準備好了，正要送他上學去，我還帶著兩歲大的小孩。我宣佈說今天早上要走路去，由於小維討厭走路，所以他開始發出嗚嗚聲，哭個不停，他堅持要搭公車上學。」

小維：我不要走路，我要搭公車。

阿敏：今天我們帶著小貝比坐著推車，搭公車太困難了。今天我們必須走路過去。

小維（真的哭了起來）：不要，我不要，我太累了，我要搭公車。

阿敏：小維，我警告你。

小維：我腳痛！

〔阿敏開始吼了出來，然後她深呼吸，停了幾分鐘〕

阿敏：我對你太生氣了，再多一分鐘我的眼珠子就會從我的頭上跳出來，然後滾到百老匯，再到運河街！

〔小維開始咯咯地笑，而危機過去了〕

阿斐與阿敏發現這些是不錯的解決方法，但是父母親常跟我抱怨這些技巧不總是管用。如果他們對「管用」的看法是，僅僅承認情緒將會讓孩子們「迅速恢復原狀」，然後變快樂，那他們說「不總是管用」是對的。沒有一種神奇的反應可以讓像害怕、憤怒、傷心及嫉妒等強烈情緒，如同一縷輕煙般馬上煙消雲散。在我的工作坊裡，有天早上我們正在討論父母親對孩子們表達強烈情緒的方式感到挫折。

有個愛吵架、八歲大男孩的阿富說：「在某種程度內，我算是有耐心的人，可是當我的兒子小常不願意停止苦惱時，會讓我覺得生氣而無法同理他。我剛開始時是支持的，但是當他不願意停止時，我就會被激怒。」

有個六歲小孩的阿蓉表示同意：「是啊，我發現跟小琪也是這樣。如果我說：『喔，你很傷心』或是『我看到你很生氣』，她的壞心情並不一定會像電線短路般馬上被終結。有時候反而因為這句話助燃了她的怒氣，像是她就瞪我瞪得更久。然後我對自己說：『我到底還能再給多少？』」

我同意：「這真是令人覺得挫敗。尤其是當你**已經**認可小孩情緒反應的正當性，而這樣似乎仍無法消除他的憤怒，或是他仍然一再挑戰你的忍耐極限。」

阿蓉說：「對我而言，那個問題比較不嚴重，我的問題是我女兒的行為太不恰當了。到此為止，已經夠了。我猜想，我自己會認為，如果我更有效率的話，她就會停止抱怨，然後快樂起來。」

當然，如果我們有一個神奇的公式，可以將孩子們的抱怨與哭哭啼啼轉換成微笑與極少量的喜樂，那就容易多了。對父母親而言，要去撼動「憤怒是個負向情緒，要儘可能快速將它去除掉」的想法是件困難的事。我們身為父母親角色最重要的事，並不是要孩子們**结束**他們強烈的情緒，而且要幫助他們感受到我們對他們的瞭解與接納。為了做到這部分，我們必須很有技巧地描述小孩所說的情緒，或儘可能具體地告訴小孩我們所接收到的訊息。我們未必時時刻刻都處於能同理他人的狀態，所以有時候我們可能會說「我瞭解」，但是我們的聲調卻傳遞出不一樣的訊息。在這樣的狀況下，最好的方法是說真話。阿蓉可以說：「我聽到你非常煩躁，但是我無法再聽下去了。我快要沒耐性了。」

這個目的是幫助我們的小孩找到可被接受的方法去表達憤怒，但是第一步就是要去認可小孩的感受。在那個當下，他／她真的是很煩悶，如果父母親說「你不應該煩悶——這件事根本就不值得你這麼煩悶」，這樣一點幫助也沒有。我們的小孩有權利生氣，就像我們一樣。

憤怒的風險

根據奧蘭德博士[註]的有聲書《處理孩童與青少年的憤怒》所言，在所有情緒中，憤怒遭到最多的誤解。奧蘭德博士指出，憤怒會惡名昭彰是因為我們之中有這麼多人被教導說憤怒是不好的，我們必須要不惜任何代價去避免它。她說，小孩從非常小就學會憤怒是危險的，因此他們沒有學到健康、合適的方法去表達這個人類正常的情緒。奧蘭德博士解釋說：「小孩因接納、稱讚與愛而茁壯成長。」

> 在生命的早期，他仍然相當眞誠一致時，他可能會向他的媽媽表達他的憤怒情緒，因此他可能會經驗到不贊成、

註：奧蘭德博士英文全名為 Violet Oaklander, Ph. D.，出版了 *Working with the Anger of Children and Adolescents* 有聲書。

拒絕，以及失去愛的感受。他開始學會表達憤怒情緒對他而言是充滿危險的，而且他必須去做任何可以讓他避免更多傷害的事。然而憤怒是不可避免的，因此他必須做一些決定如果他感受到憤怒時，他該怎麼辦。他通常會設法將情緒壓下來，抑制它。但是未表達的情緒在小孩的體內就像個暗礁一樣，干擾小孩健康的成長。

當我發現我的學生們正在和接受他們自己憤怒情緒的及接受孩子的憤怒情緒搏鬥時，我會要他們做個練習，以幫助他們回想起在他們還小的時候，這是個什麼樣的感覺。我要他們拿起一張紙，寫下當他們表現出生氣或失望時，他們的父母親是如何反應的。我記得班上有位媽媽阿穎，當她回顧她的清單時，她如何獲得一個突破性的經驗。她的清單包括下列要點：

1. 我得到沈默的對待。她會拒絕和我說話（通常好幾天）作為懲罰。她也會叫我父親不要和我說話。
2. 當我們有了爭吵，她總是叫我跟她道歉——即使我認為錯的人是她。她從不承認她的錯誤。
3. 她從來不讓我對我的弟弟表達憤怒。當我對我的弟弟說「我討厭你」時，她會走過來說：「不要這樣說，你不是說真的，他是你唯一的弟弟，你不是真的要討厭他……。」她總是否認我的憤怒。

在阿穎讀完她的清單後，她張大眼睛看著我。她輕柔地說：「我的媽媽害怕憤怒。但是，當她都不跟我說話時，我還是可以感受到她的憤怒，就像是一個大汽鍋水面下一直在沸騰起泡一樣。我從她那裡學到，當你生氣時，你不可以表現出來，你要把它留給你自己。如果你把它表達出來，是會令人不悅的。儘管現在回想起來，我仍然記得我非常渴望我的媽媽會對我大吼大叫，然後就此結束，而不是將令人恐懼的沈默強加在我身上。」

有個十歲男孩的阿霞有一天在工作坊中說了一件觸動大家心弦的事。「我很怕小立，怕他的憤怒與敵意，所以我非常讓他。」

「阿霞，告訴我們多一點，」我督促她，我意識到這是個重要，但通常不會被說出來的問題。

她說得很慢，邊說邊尋找合適的字眼：「我猜我擔心，當他真的發起脾氣來，我沒有辦法控制得住他。」

「那如果你不能控制他，會發生什麼事？」

「我不知道。」

「他會傷害他自己？傷害你？摔東西？」

她搖搖頭：「我從來沒有仔細想過這些問題。我猜想我害怕的是，如果我態度堅定地說不，他就會抓狂然後失去控制。即使我已開始瞭解到我給他太多權力了，這導致我太容易投降，然而，可能我內心真正害怕的是，他會討厭我。」

沒有一位父母親看到小孩失去控制會感到舒服，所以我們必須制止他們去傷害自己或傷害我們。小孩在某些時候真的是很討厭我們，但是我們不允許以這個理由來阻止我們去設限，不管他們有多麼生氣。如果我們不要像自動化機器自動產生這樣的假定：小孩的生氣反應證明我一定做錯什麼，將會有所幫助。

我鼓勵阿霞在她認為不可妥協的議題上採取堅定的態度。「你可以預期你一定會不斷被試探，」我向她擔保，「但是設法不要讓他極端的行為來逼得你讓步。它未必都有效——亦即，它不會讓你的兒子免於苦惱或是不來挑戰你。此外，你還有另一個選擇是，辭去父母親的角色。」

找到可接受的方式來表達**憤怒**

即使認為自己能明智地處理小孩憤怒的父母親，仍希望他們能夠提供小孩更多可被接受的選擇。想要幫助我們的小孩發現適當的方法去表達他們的失望與憤怒，是相當困難但卻是必須去學習的一課。席格博士[註]在他的研究報告中指出：

> 雖然我們都與生俱來生氣的能力，但兒童表達情緒的態度——他們最後用情緒做了什麼，有很大的部分得視學習而定。我們的年輕人學會如何處理及表露憤怒的方式，將會貫徹其一生的時光。因爲對基本情緒治理不善所付出情感及生理上的代價十分沈重——包括不良的心理健康及生理健康、有嫌隙的人際關係、受損的生涯發展，

註：席格博士英文全名為 Julius Segal, Ph.D.，其研究報告「Children and Anger: Family Matters」發表於 *International Conference on Children and the Media*（Washington, D.C., 1988）。

及受傷的家庭。就像亞里斯多德所說：「任何人都可以生氣，這是很容易的；但是要對正確的人、拿捏到正確的程度、在對的時間、為了正確的目的，及使用對的方法生氣，這就不是件容易的事。」

我給參與工作坊的父母親一個練習，我問他們：「你們的小孩如何表達他們的憤怒？」他們輕而易舉地就想到例子，我把它們寫在黑板上：

伸舌頭
咒罵及辱罵
吐口水
哭
大叫「閉嘴！」
說「我恨你！」
打人
咬人
踢人
亂發脾氣
悶悶不樂
哭哭啼啼
動作粗魯無禮或出言諷刺
摔門

「你們同意這裡面有些表達方式比其他的更容易被接受嗎？」我問。

他們點頭表示同意。

「所以，你們也同意問題不是出在生氣本身，而是出在表達生氣的方式上？」

他們也同意。我接著問：「你們認為哪些表達生氣的方式是可接受，而哪些不是？」我把答案分成兩欄寫在黑板上：

可接受	不可接受
哭	破壞財物
出去外面生悶氣	罵三字經
捶枕頭	打人、踢人、重擊、咬人
說出生氣的話	罵人
打「爵士音樂袋」	吐口水
大叫「我抓狂了！」	違抗命令
孤立自己	
做鬼臉	
寫下生氣的筆記	
敲打黏土	
撕碎紙張	

然後我們研究這個清單，討論可接受與不可接受兩種憤怒表達的形式。每個家庭都有他們自己的規則，規定在這個家裡面什

麼是被允許而什麼是不被允許。但是最好提供一些選擇性，所以孩子們瞭解到他們的憤怒可以有些出口——他們不必將憤怒隱藏在心裡。例如，某位父母親可能會說「不准打人，用說的」，或是「不准丟東西，要丟只能在院子裡丟」，或是「在媽媽面前不准罵人，只可以在你們自己的房裡罵」，或「吐口水可以，但必須吐在水槽裡」。工作坊裡有位媽媽在她兒子的房間裡設一個生氣角，在那裡他可以捶打枕頭或是他的小丑——他的名字是「蠢臉先生」。

當我們完成黑板上清單的討論後，我對父母們說：「現在告訴我，你們認為自己可以接受的憤怒是什麼？」

通常房間裡會出現令人不自在的支吾之詞，因為父母親掙扎著去承認他們的憤怒在任何狀況下都可被接受。有一次當我做這個練習時，這緊張氣氛被一位溫和的年輕女士從房間的後方傳過來的聲音所打破：「我把盤子丟到牆上去。」

每個人對這情景大笑了起來——這位女士總是十分安靜，而且說話十分輕柔。當笑聲停止後，我點點頭並且說：「這是你認為可接受的憤怒。」

她聳聳肩：「只有盤子。」

「是的……還有其他的嗎？」我們將這些答案寫在黑板上，包含以下的東西：

扮鬼臉

咆哮

用外國話咒罵
爬上健身器材瘋狂地踩踏板
去洗碗，用力擦，用力洗
打電話給朋友
摔門
捶打枕頭
離開房間
去散步或跑步
說「我眞的氣死了！」
很大聲地聽音樂
到臥室去尖叫
深呼吸
搜括冰箱

看著這些項目時，我說：「看看所有這些你們可以用來發洩憤怒的新方法。」幾位家長後來告訴我說，這是一個很有幫助的活動。它不僅肯定生氣是可以的，它也提供了一些可以表達憤怒的選擇。

許多父母親無法忍受他們的小孩「說髒話」。事實上，聽到這些醜陋的字眼從這些小嘴巴脫口而出，真是件令人吃驚的事。我們當然有必要去阻止無禮的或攻擊性的字眼，但是同時我們也需要協助我們的孩子找到可被接受的選擇。阿素的十二歲兒子每當生氣時就口無遮攔，她想要幫助他找到表達情緒的新方法。「小全是個非常有創造力、善於表達的孩子，所以他上一次生氣說髒話罵人時，我很堅定地告訴他：『我現在不想要這樣子的談話，你的話很不中聽而且太傷人，我不想聽到這些話。你何不將你心煩的事寫下來，那我就會看到你想要告訴我的話。』然後我關上我房間的門，把他關在門外。他很不高興我這麼做，我可以聽到他在他的房間裡砰砰砰大聲踱步好一會兒，然後一切都變得非常安靜。大約三十分鐘後，一張紙從我的門縫滑了進來，上面寫著：

親愛的媽：

我和你在很多事情上都有不同的意見。我努力想幫上忙，但是我不喜歡你總是在我看電視時把電視關掉，然後在我努力想繼續看的時候叫我去打掃房間。如果我在你正在看「朝代」時把電視關掉，你會怎麼樣？你不會都一直微笑吧？至於功課，我已在看電視之前做完了。希伯來語很難，但是我已經花了很多時間在這上面；我在學校表現很好，我想你應該會覺得很光榮。你知道我做完功課了，而且幾天前我眞的已經打掃了我的房間，而且把衣服收起來了。

今天晚上你傷害了我，所以我不認爲只有我應該道歉，雖然我可能錯了。如果你想要跟我説話，那就過來跟我説吧，但是要好好想想我的話。

你的兒子

小全

阿素很自豪地說：「我很高興看到這封信，這封信如此簡要、清楚地表達他的意見。因為他告訴我哪裡錯了，而不是罵我，所以我就能直接回應他的抱怨。」

愛是相當複雜的，而我們都非常愛我們的孩子。我們願意為他們做任何事，我們想要他們快樂。但是我們不一定會一直都**覺得很愛**我們的小孩，而我覺得這無傷大雅，因為孩子們也不會都一直覺得很愛我們。我覺得讓小孩瞭解，如果他行為表現惡劣或違逆我們，那時候我們就無法表現得很慈愛，會有很大的幫助。我們對孩子的憤怒是無法避免而且常常被合理化，但是我們仍需區分我們對於他身為一個人，而不只是個孩子的感受。

小孩養育專家道森博士[註1]在《專家給父母親的建議》一書中說道：

> 孩子們通常害怕他們自己的憤怒，因爲對他們所關心的人產生強烈的負向情緒會令他們感到愧疚。他們會將憤怒隱藏在內心裡，因爲他們害怕，如果他們的父母親察覺他們情緒的強度，爸爸媽媽就不再愛他們了。孩子們需要知道，愛與憤怒並不是截然對立的，它們都是愛的表現。

根據心理健康創始協會[註2]的看法，憤怒可導致正向的行為，

註 1：道森博士英文全名為 Fitzhugh Dodson, Ph. D.，著有 *Experts Advise Parents* 一書。

註 2：心理健康創始協會原名為 Institude for Mental Health Initiatives（IMHI），會址位於華盛頓特區。

它發出「有些事情不對」的訊號——而憤怒情緒的力量可成為改變的催化劑。如果我們可以開始使用我們的憤怒，作為探究我們自己及小孩內在深處需求的工具，我們就能將家庭內充滿仇恨的爭吵轉變成成長的跳板。不可否認地，這不容易做到，因為我們對憤怒的態度是如此根深蒂固。這需要學習一些方法，從憤怒產生力量的那一剎那往回走，先承認它，然後以不具傷害性的方式回應它。下一章將建議一些可用的技巧。

憤怒戰爭中的八個武器

上游泳課的最佳時機並不是在一個人溺水的時候。

——吉諾博士[註]

註：有關吉諾博士請參見第一章第十四頁譯註。

有一句俗話是這麼說的「寧可共舞，不要摔角」，這個告誡用到家庭衝突上則成為最好的解決方法。如果我們使用強勢的反應贏得勝利，那我們就不能希望可以得到和平的解決。當我們強加我們的意志在他人的犧牲上，我們只不過是恃強欺弱，而且雖然我們可能贏得此戰役，但最終還是輸了整場戰爭。

許多父母親對此說法表現出他們的困惑。他們不想要威嚇脅迫他們的小孩，但是有時候處罰似乎是掌控狀況的唯一方法。他們只看到兩種選擇：做一個強而有力、主張服從權力、「因為我這麼說」的父母親，什麼事都在他們的掌控中；或是做一個懦弱無能、寬容的父母親，他們總是讓孩子贏得勝利。

更確切地說，你可以找到一個中間點來處理抗爭，像是學習跳舞的舞步般。在我的工作坊中，我們討論了許多實用的行為與反應方式。以下八個指導原則可以為你的家庭戰場帶來相對的和平——如果你採用的話。

1. 離開或等待

若要表現出比你的感覺更好一點的行為是有可能的，但是不可能好太多。因此，當你生氣時，你必須記住兩個最重要的詞彙**離開**或**等待**。當我們已經生氣到快要失去控制時，離開或讓時間暫停能給我們一個喘息的機會，如此一來，我們就不會任由「出其不意地抓狂」所擺佈。因盛怒而產生的攻擊行為常見於反應性的憤怒。

在生氣的當下，沈默或是短暫的撤離有時候是最安全的解決辦法。「沈默是金」的美妙就在於，你從不需要將說出的話收回。父母親通常不願意嘗試這個方法，就像某位媽媽所說的：「如果我離開了房間，他會不會覺得他贏了？」相反地，離開可以是個安靜但強而有力的方法，顯示出你有多慎重在思考這個情況，其亦示範了自我的控制。阿君八歲大的兒子對於她叫他關掉電視，去寫功課的命令非常生氣，以下對話說明了當時的狀況：

阿君：我已經告訴你三次了。現在把電視關掉！

小宏（嗚咽）：喔，媽，別這樣嘛！

阿君：現在！

小宏：我不要！你不能命令我。

阿君走過去把電視關掉。小宏跳起來，非常憤怒地，把她從電視機前推開，然後他轉過身去將電視打開。阿君覺得她整個人已被憤怒所擊敗，她舉起她的手，然後她制止了自己。

阿君（語氣帶著憤怒，但非常堅決地）：現在，我實在是被你氣到想離開這個房間。

〔她大步走出遊戲室並關上門。她在廚房裡並沒有聽到任何聲音，電視已經被關掉了。十五分鐘後小宏走進廚房〕

小宏：媽，我正在做我的功課。

阿君：很好。

小宏：我推了你讓我覺得自己很糟糕。我真的很想看那個節目。

阿君：推人本來就不對，不管你有多生氣。

小宏：我知道，我剛剛太生氣了。我不會再這麼做了，媽，我真的很抱歉。

阿君：好吧，我接受你的道歉，而且我很欣賞你這麼做。當你功課做完之後，你就可以看電視了。

如果阿君賞了小宏耳光，她就很難去說服小宏「打人和推人在這個家裡是不被允許的」。她選擇**離開與等待**，直到她自己冷靜下來——也容許小宏冷靜下來。

有些父母親擔心如果他們離開房間或等一下再回應，看起來好像是舉白旗投降一樣。但是阿君很堅定地陳述她離開的理由，此理由無疑地將讓小宏在心裡覺得他把她推得太遠了。很少有孩子會將此視為是個人的勝利。

當大人們將時間暫停，他們很清楚地讓小孩知道大人正在自我克制，而不是放棄他們的權力，這是很重要的事。他們也應該明確指出他們期望小孩做出什麼樣的改善。

2.「我」，不是「你」

當小孩做出令我們生氣的事時，我們不加思索的回應可能是大聲責罵：「為什麼你的行為就像個小蠢蛋一樣？」「你真是個邋遢又粗魯的人——你怎麼會把夾克丟在地板上？」這些訊息傳遞出我們無法接受小孩這個人，而不是無法接受他們的行為。「你」的敘述句可以產生重大殺傷力；而「我」的句子可以更有效去陳述重點，而不會傷害到小孩的自尊心。當你生氣時，最好說（或甚至大聲叫說）「我氣瘋了」，而不是「你真是糟糕透了」。例如，你說：「我非常生氣你把你的新衣服扯破了。」而不是說：「你豬啊你！總是把你的好衣服弄壞。你以為錢是長在樹上的嗎？」說出你的感覺是什麼，而不是宣告孩子的人格特質。

以下是「我」句子的例子：

我現在需要安靜。

這麼吵我無法專心開車。

我覺得我好累，我不想再聽了。

我很生氣你不遵守規定。

我非常非常生氣！

我現在想要一個人靜一靜。

我不喜歡聽到你用髒話罵我。

我不喜歡別人用這種方式跟我說話。

我不會被你激怒。

3.讓現在停格

不要拿當前的事件作為預測未來——通常是預測未來的跳板沒有希望，或是翻舊帳的機會。你可以說「我對你的成績很失望」，而不要說「你的成績怎麼每次都這麼爛」或「這種成績，你別妄想未來還能做什麼事」。未來化——用來預測未來的行為——是父母親對小孩不良言行常見的反應。停在現在，趕走那些可怕的預言，如「你會像陳進興一樣最後死在監獄裡——殘忍兇暴、一事無成、好吃懶做」等等。

在以下例子裡的媽媽，雖然感到挫折，但在這場戰爭中——

她贏了！——她一直把握住重點，即使她也曾企圖想要擴大控訴的範圍。

阿蘿說：「最近我被十歲大兒子的老師請到學校去，她給我看他的數學作業，然後她告訴我說他都不會。結束這個會談後，我對我的兒子小關非常生氣，他從來沒有對我說過他在數學學習上遇到了困難。他曾經告訴我，他要為自己學校的功課負責，他不要我干涉他的功課。但是當我讓他有一些獨立性時，看吧！事情就發生了！」

「從學校開車回家只要五分鐘，我延長開車回家的時間，因為我知道我需要時間冷靜下來。當我終於回到家時，滿臉笑容、看起來心情很好的小關在門口迎接我。」

小關：嗨，媽。今天過得怎麼樣？

阿蘿：還不錯，但剛剛和陳老師的會談除外。

小關（低下頭來）：喔。

阿蘿（等了幾分鐘，然後說）：小關，我們是不是說好了，我不干涉你學校的功課，除非你覺得你需要或是想要我的幫忙？

小關：是啊。

阿蘿：那我們的約定出了什麼問題？

小關：什麼意思？

阿蘿（保持冷靜與客觀）：陳老師給我這些作業，這些作業說明了你的數學完全不會。我認為我們的約定沒有用，因為你從來不告訴我你需要幫助。我不認為你想要數學不及格，但是把決定權留給你是沒有用的。所以你想我們現在該怎麼辦？

小關（眼裡含著淚）：媽，我很抱歉。我知道我跟不上，但是我不想告訴你我不會做這些功課，因為我怕你不讓我去看小聯盟。

阿蘿：小關，你沒有給我機會去幫助你。你同意如果你遇到困難，你會讓我幫助你，那我也同意我不干涉。如果你想要我同意讓你為自己的功課負責，那麼當我們達成協議時，你就必須遵守諾言。

小關：我會盡量試試看。你對我非常生氣嗎？

阿蘿：我很失望但也很關心。但是我願意想個方法來解決問題，如果你也想的話。陳老師建議你再寫一次你做錯的題目。如果你想要我的幫忙的話，你儘管開口。當你做完的時候，我要看一下。

小關（鬆了一口氣）：媽，沒問題。

阿蘿：那你什麼時候會完成？

小關：兩天內。

「然後小關走過來擁抱我。那天晚上再晚一點，我們談到那個協議。我告訴小關，我覺得我們必須做一點點修正。我建議每個禮拜五他把所有的作業帶來讓我看一下，但是在中間這段期間內，我不會去干涉他。」

在與老師會談後，阿蘿很生氣也很失望。她知道小關發現，要得到好成績是件很困難的事，除非他非常努力唸書。她害怕萬一事情沒有改善，他就申請不到她想要他去唸的國中。阿蘿也有一點被背叛的感覺，因為小關破壞了他們之間的約定，而且她不確定今後是不是還能再相信他。阿蘿內心裡的害怕可大多了，但是她並沒有說出來，她也沒有拿她所想像的——未來可能申請不到學校的可怕結果來威脅小關；相反的，她固守眼前的問題，然後再次協調出明確因應問題的約定。她沒有說——很多人一定會這麼說——如果小關再一次破壞這個約定，那他的下場就會很悲慘。雖然小關沒有遵守約定，但阿蘿仍考慮到他的自尊心，她給了他另一個機會。她的約束不可能會讓小關對她比對自己更生氣，因此他更願意順從的去找到解決問題的方法。

避免又臭又長的攻擊性演說，這些演說通常會變成其他的不滿與抱怨所累積出來的結果。說出你的論點——「我對房間變成這個樣子感到非常生氣」，然後停止發言。有時候，伴隨著盛怒出現的是「最後一根稻草」的效應。事情一件接著一件發生，而你也做了自我的克制，但是後來卻又發生了另一件小事，然後你失去了所有的控制力。那是當你聽到你的小孩這一天或這個星期或這個月所做的所有事情，你無法抗拒自己變得愈來愈激動。有位媽媽敘述了當她發現她的兒子使用她全新的電腦——他知道他不可以麼做，她發脾氣的情景。當她看到他這麼做時，她叫他住手，然後告訴他她有多生氣。但在這過程中，她也提到他：

把房間弄得亂七八糟。

忘記把牙膏的蓋子蓋回去。

忘記把牛奶放回冰箱。

沒有把他的衣服吊起來。

沒有餵狗狗。

離開房間時沒有關電視。

在這段長篇大論結束之後，可以想像她的小孩已經被淹沒了。大多數小孩在聽完第一個句子之後就關上他們的耳朵，變成我所謂的「媽媽的聾孩子」。如果你的演說簡捷且具威信，那麼這些訊息就會有較佳的機會「打回本壘」。

4.避免身體暴力與威脅

如果打小孩有效，那麼只要做一次就行了。如果你像巨人壓倒小矮人一樣，藉著強調身體上的力量贏得親子間的戰爭，那你什麼都沒贏到。

當你正生氣的時候，試著不要去威脅或是處罰。不理性的威脅、傷人的言語及打人，在我們冷靜的時候很少會發生。我們通常會以做不到的威脅作為結束——「你這一生完了」……「這一個月你都不可以給我看電視」，同時身體上的處罰及刺耳的言詞會伴隨著出現。

有些父母親在使用身體暴力的威脅後發現，這個威脅可能會像暴力一樣，帶來創傷。阿巧說到她八歲的女兒小凡和她一起開車出門，整個下午小凡讓她過得十分痛苦。

媽媽：小凡，好了，你這樣頂嘴讓我煩死了！我不想要用你對待我的方式對待你。你不應該這樣對待我，我也會有感覺的，我不只是個媽媽——我也是個人。

小凡：媽，不要對我大吼大叫！

媽媽（提高音量）：我沒有大吼大叫。整個下午都是你在對我大吼大叫。

〔小凡像誦經般地模仿阿巧的話，這讓阿巧更加生氣〕

媽媽：你現在馬上給我住口，否則你會得到一頓畢生難忘的毒打！

小凡（開始哭了）：你總是告訴我打人是不被允許的。不管怎麼說，如果你可以打我，為什麼我不能打回去？

媽媽（冷靜下來）：你是對的，我們不要打來打去。我跟你說對不起。

小凡（嗚咽地說）：但是你說過！你說過你會打我。

媽媽：剛剛我很生氣。我以後不要打你。我不會打人。

小凡（幾分鐘後）：媽，我也要跟你說對不起。我要你抱抱。

〔阿巧將車開進購物中心的停車場停好車。她轉過身去給小凡一個很大的擁抱，並親了她一下〕

稍後阿巧反省了這整起事件：「我以對身體施暴的威脅要求小凡改變行為，即使我並沒有打算真的要這麼做，但那不是個有效的方法。當那些『被逼到狗急跳牆』的時刻發生時，想要不去重覆父母親的行為方式是相當困難的事。當他們以前威脅我、對著我尖叫以及打我的時候，我很恨他們。可是當我的女兒變得無禮粗魯的時候，我卻很容易地重覆這些古老的技巧，即使它們在我小的時候從未產生效果——我不是更叛逆，不然就是更退縮。如果我不是氣極了，我不會威脅要打她，況且我根本不相信父母親打人的效果。」

5.乾脆俐落說重點

阿真的兒子小瑋總是在該洗澡的時間表示異議，這個無法逃避的對抗讓她感到害怕。一般說來，這事件會在她邊拖著一個尖叫的小孩走進浴室，邊罵「你為什麼老是給我惹這麼多麻煩？」中落幕。她嘗試一個更直接、更堅定的方法：

阿真：洗澡的時間到了。今晚你想洗泡泡澡，還是只要用清水洗就好了？

小瑋：我不要洗澡！

阿真：洗澡的時間到了。〔帶他到浴室去〕猜猜看有什麼好玩的？

小瑋（一時之間很困惑）：什麼？

阿真：當你洗完澡之後，我們就可以看我們今天買的新書。

小瑋：我想要現在看。

阿真（口氣堅定地）：先洗澡，再說故事。

提防使用過長的解釋。當小孩問：「為什麼不可以？」時，不要再說他已聽了數百遍的長篇大論，你可以問他「你為什麼覺得可以？」或是用幽默帶過——「你想要聽兩分鐘的解釋？還是二十分鐘的解釋？」就像俗話說的：「不要和豬打架，你會弄得滿身泥濘——但豬卻愛得很。」孩子們有無限多的時間玩論點—

反論點的遊戲，足以磨光你的精力。我認識很多父母親，他們的小孩在五歲時就已經準備要唸法律系了。他們常常都是那些太過於說理與解釋的父母親，他們期待著「只要給予足夠的解釋，他們的小孩就會停止要求他原先想要的東西」。不要害怕聽起來像個破唱片，只要簡短但堅定地重複你的指令：

不可以把靴子穿到廚房。

晚餐後才可以吃餅乾。

不可以打人。

襪子是屬於洗衣籃的。

先寫功課再看電視。

一個就夠了。

我們正在買食物而不是玩具。

睡覺的時間到了。

過了八點，就是大人的時間。

指令要具體明確。叫一個五歲的小孩去把她的房間打掃乾淨是沒有意義的，而如果你還期待會有結果，那你可能要等上一輩子。「把房間打掃乾淨」的語意太過於模糊，孩子們需要明確的指令——而且一次不能給太多。例如，你可以說：「這些彈珠是屬於彈珠盒的，地板上的睡衣是屬於洗衣籃的，這些書是屬於你床邊的書架的。我們先把盤子弄濕再放到洗碗機去。」也許你可以把它變成一種遊戲，因為你的小孩喜歡遊戲，然而他們卻把打掃房間視為家事。你不妨說：「我敢你打賭，你不可能在鬧鐘響之前做完這三件事。」如果你把它變成一種競賽，或者是幫助他們，他們通常會比較願意順從。而且，事先安排好一個讓他們更容易清理整理的環境——像是小孩高度的掛鉤、放書的矮櫃子、標明內容物品的收納盒等等。

有時候，一個字[註]就可傳遞出你想要說的每一件事：

用走的。（不要跑）
靴子。夾克。帽子。（穿上你的……）
牙齒。（刷……）
門。（關上……）
襪子。（撿起……）
外套。（掛好你的……）

6.寫下來

寫下的訊息是種有效且冷靜的方法——以一種他人能瞭解的態度表達你的情緒。有好幾個理由可說明寫下來是個很不錯的方法：第一個，它是一個自然的冷靜活動。在找紙、找筆、坐下來，及將腦袋裡的想法形成文字的過程中，想要維持憤怒的情緒是很困難的。以下是一些不錯及有效的例子。

在第一個例子中，媽媽注意到她的女兒小慧過馬路時，沒有

註：以上這些指令在原文中皆為一個字：Walk, Boots, Jacket, Hat, Teeth, Door, Socks, Coat.

看清楚兩邊來車就橫越馬路。她十分擔心她的不小心，但是她並沒有在小慧一進門就質問她的粗心，她留了一張字條給小慧。

親愛的小慧：

過馬路是很危險的。我愛你，所以我不希望你受傷。我必須知道你會遵守我的規定，這樣你放學走路回家，我才不會擔心。

今天你沒有做到兩項規定，這讓我嚇壞了。

1. 你站在馬路上等著過馬路，而不是在路邊。
2. 過馬路時你闖了紅燈。

如果你不能遵守這些規定，我就不能讓你自己走路回家。請仔細想想這個，並且敬請回覆[註]。

愛你的
媽媽

稍後，小慧坦承了字條上所言，然後她同意會更小心。她們花了幾分鐘討論一些能讓她記得小心過馬路的方法，而且她們一起再次複習那些規則。

在第二個例子中，大樓管理員通知小彰的媽媽，她的兒子在管理員要求他不要在大樓附近的某些區域玩時，表現得非常粗魯與不禮貌。起初她非常生氣小彰粗魯的行為，她正打算要對他吼

註：作者特意在原文中使用「RSVP」作為此信的結束。

叫一番，並且威脅他永遠都不讓他玩任天堂。在她冷靜下來之後，她卻寫了以下這封信。

親愛的小彰：

管理員楊先生已經告訴我，昨天他看到你和小秉在走廊玩球，當他要求你們不要在那裡打球時，你們卻非常粗魯地回應他。

這字條是個提醒。

我和爸爸都十分以有你這樣的兒子爲傲，而我們期待你能以尊敬、有禮貌的態度回應楊先生。如果有什麼問題或是你對他有什麼意見，請馬上來找我或爸爸。

謝謝你。我愛你。

媽媽

收到這張字條後，小彰對楊先生和他的媽媽道歉。他並沒有變得很防衛，因為他的媽媽並沒有攻擊他，相反地，她反覆重申她對小彰的評價與期待，她並表達她信任他能做得更好。她使用描述事件的方式，避免控訴和責罵。

當你將想法寫成文字時，你也容許自己有一段冷靜下來的時間——那是另一種退出和等待的方法。此方法對於拉開距離、隱私，及時間去反應情緒相當有幫助。其亦打開一扇門通往新的親密感及相互瞭解，就像在第三個例子中所看到的。

阿琍常常告訴工作坊的團體，她十歲的女兒小婷與父親之間痛苦的抗爭。老簡是個五十歲的老爸爸，在第一次婚姻中他已有成年子女，而阿琍小她先生十五歲。她推測可能是老簡太傳統的管教風格——二十年前他曾用在他的小孩身上，導致抗爭產生。她說：「小婷痛恨他訂規矩的方式，而且她非常在意她的父親比她朋友的父親老太多這件事。當然，五十歲沒有那麼老，但是對一個小孩而言，我猜想那是非常老了。我也懷疑父親比較老會讓小婷擔心，那可能是某些緊張關係的來源。有一天我聽到她的朋友問她，如果她的爸爸就快死了。我聽不到她的回答，但是我懷疑她真的很擔心。」

阿琍是一位異常敏感與聰明的女士，她有能力看到隱藏在表面下的問題。有一天她在團體中描述以下事件。老簡與小婷產生了特別敵對的抗爭，夾雜著許多的尖叫與威脅。小婷非常生氣，因為她說爸爸在運動時太愛指揮別人；老簡覺得很受傷，因為他覺得小婷一點也不感激他花時間陪她。吵完架之後，小婷哭著跑回她的房間。稍後，阿琍進去看她，小婷告訴阿琍，她對於剛剛發生的事情感到非常煩躁，但是她不敢說什麼，因為爸爸氣壞了。阿琍給了一個和緩的建議：「為什麼不寫張字條給爸爸，告訴他你的感覺。」

稍後，老簡給阿琍看小婷悄悄塞進公事包的字條：

親愛的爸爸：

對不起。你會原諒我嗎？下一次拜託你，在週末的時候，請不要指揮我！！！因爲有時候你就是眞正的痛苦的製造者。當人們抓狂時，他們會說一些他們不是眞的有意要說的話，所以不要當眞。就這樣了！！！

愛你的

小婷

老簡顯然深受女兒的字條所感動，他告訴阿琍：「我非常愛她，但我不明白我們為什麼會有這麼多的爭吵，她似乎對我感到非常苦惱。」

阿琍溫柔地建議道：「或許她的憤怒不一定都像外表看起來的那個樣子。你知道，你的年紀比她朋友的父親大，在內心深處，她可能會害怕你會生病或是死掉了，這樣她就失去你了。」

老簡以前從來沒想過這個。在仔細想過之後，他坐下來，然後回信給小婷。

親愛的小婷：

謝謝你的卡片。週末我不是故意要指揮你。我現在知道了，當我試著要去糾正你揮網球拍的動作時，你非常痛恨這件事。

但是，請記住，我有很多年運動教練的經驗。我有時候會想給一些建議，好讓你有所進步或從運動中獲得更多樂趣。你不一定要接受我的建議，但請有禮貌地聽。

請不要擔心我比其他的爸爸還要老。記住，我的心很年輕，而且我覺得很好也很健康。我希望能陪在你身邊並且照顧你很多年，我不希望我會老到虛弱無力很多很多年。

我很遺憾我們有了爭吵。未來讓我們一起努力保持冷靜——我會努力不要對你吼叫，而你也要努力聽我說些什麼，即使你不同意我所說的。

深愛你的

爸爸

即使憤怒的抗爭無法完全避免，但是大多數的父母親仍努力去克服憤怒，並找到有意義的和解之道。在憤怒的抗爭結束後一段時期內，回復好的感覺是不可或缺的。在阿琍的協助下，老簡與小婷找到方法修補他們關係裡的裂痕，他們並共同有一些新的體認——這在未來的日子裡，可能會讓他們彼此溝通的方式有些不一樣。

7.掌握要點

在父母親的團體中，我們談到許多有關於制定規則，及這些規定不被遵守或被忽略時引發的抗爭。父母親必須決定，在他們的家裡面真正重要的是什麼，而這包括了一些困難的問題。如果其中一個規定是，你的小孩每天早上在上學之前必須疊被子，而你發現你自己每天早上都在為這件事嘮叨與爭吵，那你必須捫心自問，這是不是真的是個重要的規定，它是不是教導了真正的責任感。期待孩子分擔家事並沒有什麼不對，但是它也必須對他們是有意義的。我工作坊裡有位父親給了一個很好的結論：「如果你不做選擇，你就沒有效率。」

對那些含有「應該」字眼的想法提出質疑。你做事很有彈性？或者，你是因為你的父母親才這麼做，或是因為你的父母親才沒有這麼做？你做某件事是因為你的朋友們都這麼做，或是因為你最喜歡的「專家們」說要這麼做？對於採用萬靈丹似的建議要非常小心，沒有哪一個方法對每一個人都是正確無誤的。通常，思考這個簡單的問題有些幫助：「從現在起一個禮拜內，這樣會產生什麼問題嗎？」為了早餐吃不吃義大利麵，或牛仔褲膝蓋有破洞而爭吵值不值得？

對許多父母親而言，訂定規則是個困惑的過程，因為他們不確定哪些限制是恰當的，可以成為規定。每個家庭都需要一些規則，然而我們必須瞭解，有些家庭規則可以商量討論，但有些絕不容許更改。

決定哪些規則是可以商量而哪些不可以，是減少每天爭戰的一個方法。以下是一個典型的對話——我幾乎每天都可以從參與工作坊的父母親口中一再聽到。

媽媽：小依，把你的四季豆吃一吃。

小依：我不餓。

媽媽：別這樣，我們不會又要開始了吧？只有一點點而已。

小依：我討厭四季豆，為什麼我一定要吃？

媽媽：四季豆對身體好啊。趕快，只有一點點而已。

小依（用叉子將盤子裡豆子撥得到處都是）：我吃飽了。

媽媽：小淑女，我很不想再看到你這樣子。難怪你這麼瘦。你至少得吃一些豆子，不然你就一直坐在那裡。沒有吃完就不准吃點心。

小依有些生氣，但是還是沒有吃。媽媽更加憤怒了，她因為這永無止境一再上演的劇情感到挫折。

這場戰爭是必要的嗎？如果小依不吃她的四季豆，是不是就會發生什麼可怕的事情？嘗試藉由告訴小依她已瘦得皮包骨來讓她吃豆子，一定會引發戰火，而且這樣也攻擊到她的自尊心。告訴小依豆子對她很好，當然不會引發她更大的熱情去吃這個豆子。而我們之中有許多人如果因為其他國家的小孩正在挨餓，而被迫吃完我們的蔬菜，一定會很激動地將菠菜與甘藍菜以包裹郵件的方式，用船運送給那些貧窮的人民。

但是當父母親允許小孩做選擇，並且嚴肅地看待他們飲食的喜好時，他們正以尊重的態度對待孩子。你必須問自己：你真的想要你的小孩使用食物作為取悅你或是惹你生氣的方法？而使用點心作為吃豆子的獎賞有多大的意義存在？

如果不這麼說，媽媽可以怎麼說呢？她也許可以對小依「我不餓」這句話有所反應，她可以說：「小依，只有**你**知道你的胃的感覺。你可以自己決定什麼時候你吃飽了。」

日常戰爭少了一個。愉悅的用餐時間。小依擁有更多的自主權！

我要求我的學生們草擬兩個清單：一個是無法商量的規則，另一個是較有彈性的規定。他們通常覺得這是個困難的工作。有位家長問：「難道不可以所有的規定都是無法商量的嗎？如果我的小孩知道我願意低頭，他們就會善加利用。」事實正好相反，讓你的小孩知道有些規定是可以商量的，他們反而會對於那些無法參與意見的規則更願意合作些。這就是生活的真相：一點點自由對於培養責任感的目標大有助益。以下範例是一位家長的清單：

無法商量的規定

1. 在需要上學的前一天晚上，9：30 上床睡覺
2. 不可以說謊
3. 在我面前不可以說髒話
4. 不可以咒罵
5. 一天刷兩次牙
6. 不可以打人或推人
7. 不可以把食物丟在餐桌上
8. 不可以吐口水

可以商量的規定

1. 週末的上床時間可以有彈性
2. 有時候可以在餐桌上看書
3. 有時候鋼琴練習時間可以跳過
4. 看電視的時間可依當天、家庭作業等因素而決定

十幾歲小孩的媽媽寫下的清單：

無法商量的規定

1. 在寢室不可以吃東西

2. 要上學的前一天晚上 11：00 宵禁
3. 幫忙每個星期的採購
4. 不可以說謊

可以商量的規定

1. 每天打掃你的房間
2. 講電話
3. 一天吃三餐

父母親們通常對這個方法感到很困擾，因為他們覺得這樣會讓他們看起來很懦弱。但是生活的真相是，並非所有的規則都同等重要，總會有一些灰色地帶，而當你覺得矛盾時，那就很難執行你的規定。當我們說「不」但含意是「可能」時，我們的小孩是感受得到的。

8. 修復好的感覺

我在問卷中要求父母親們描述，在與小孩爆發抗爭之後，他們是如何和好的。就像書中所呈現的，我們有時候難免會「失去樺頭」，但這並不一定是世界末日。我們仍可選擇去把它說出來或是承認錯誤，如果我們錯了或做了不公平的事。

填答問卷的父母親在回答「衝突之後，你怎麼回復好的感覺？」這個問題的答案上，卻是相當一致的：

我會說一些像是「來吧，讓我們看看發生了什麼事。我很累了〔通常這是眞的！〕，但是我想要確定我是不是眞的瞭解整件事的來龍去脈」有時候有效，但有時候我太快這麼做，反而又引燃戰火。我必須在「讓事情**就是**這樣子」這方面多學一點。

我總是告訴我的小孩，我對他們吼叫讓我感到很抱歉，也很抱歉有時候我變得如此生氣。我告訴他們我不想要一直這麼做，也許我試著努力不要對他們大吼大叫，他們就也可以這麼做。

我擁抱他們並且告訴他們，即使我對他們發脾氣，我仍然愛他們。

在我和小女兒爆發口角之後，我們通常會一起唸故事書來和好。這是她最喜歡平息怒氣的活動。

我蹲下來和他一樣高。告訴他爲什麼他的行爲會讓我這麼生氣，但是我仍然愛他。如果他很心煩或哭泣，我會抱抱他。然後我會用身體緊緊靠近他，直到我們兩個都回復原有的平靜。

一般而言，我會爲我發脾氣而道歉。我會試著去解釋我爲什麼這麼的生氣。我常常會去談我的感覺，我也設法讓我的小孩談他們的感覺。我們總是會擁抱與親對方，然後我會告訴他們我有多愛他們。

我們會很平靜地討論這件事，然後我會詢問他們是否有任何建議。通常他們會提出他們的看法，然後我們加以討論。在那個時候，我們又都變成好朋友。

我總是覺得很愧疚。通常，我們會道歉，然後討論剛剛發生了什麼事，爲下次我們再碰到類似事件時擬定因應計畫。而且，我也會試著告訴他們我也是個人。有時候我也會心情不好、會很累，或者就是不想做某件事——就像他們一樣。

即使戰鬥變殘酷了，但父母親及孩子們仍會想要及需要一個好的感覺以獲得最後勝利。時間及距離會撫平許多傷痕，然而一個簡單的道歉卻能減少怨恨及為和好鋪路。有些人害怕讓他們的小孩看到他們的脆弱，但這剛好讓小孩上了很棒的一課。我們都會有軟弱的時候，我們也都會感到後悔。如果我們把人性的一面放在父母親的工作上，並且承認我們的不完美時，這會讓好感覺恢復得更容易些。

如果發生了憤怒的抗爭——所謂的家庭生活意指衝突是無法避免的，非常重要的事是盡快回復好感覺——一旦大家都冷靜下來時。至於要怎麼做，就得依小孩及當時的狀況而定。有時候一個擁抱及簡單的一句「媽媽愛你」就可以了，然而有些時候，尤其對較大的孩子們，則需要較長的談話——特別是需要為某個嚴重的問題做決定時。

至於道歉好嗎？許多參加工作坊的人提到，他們的父母親從未跟他們道過歉，亦從未承認他們做錯了。我想，許多父母親擔心道歉將會讓他們失去威信。但是父母親發現他們說了或做了一些讓他們後悔的事時，他們向孩子道歉，以表示他們對小孩感覺的尊重，是相當重要的事。經由這麼做，他們亦教導他們的小孩「人非聖賢，孰能無過」，而且承認自己的錯誤是可以被接受的。有很多方法可以說「對不起」：

媽媽不應該對你們大聲嚷嚷。我不是有意要去傷害你們的感情。

我沒有用心去聽你一直想要告訴我的話，因爲我看到這個不及格的分數時我氣壞了。現在讓我們重新開始。

今天我們經歷了一段艱苦的時間，不是嗎？現在我能做些什麼來讓你好過些？

我眞希望我可以將我剛剛所說的話消音。我眞的失去控制了。

你一定被我的反應嚇壞了。讓我們談談剛剛發生什麼事了，那我們還能做些什麼。

我做錯了。

對不起我發脾氣了，讓我們和好吧！

這裡所建議的八個技巧，並不是處理父母親憤怒絕對有效的公式，它們只不過是在某些時候，可以協助父母親從憤怒的語言中掙脫出來，或是促進合作的選擇而已；而且它們並非每次都管用。但是，父母親卻能因為以下的發現而覺得自己更有能力了：他們發現他們的「錦囊」並不是空的，而且他們也可以試試某些方法——有些解決方法對別人有效，那麼用在他們自己身上可能也是有效的。

10 愛的突圍

我們的小孩給了我們機會，讓我們成為我們一直希望擁有的父母。

——某位家長

我站在大約兩百人的團體面前，他們都是來聽我談父母親與憤怒這個主題。房間裡沒有太多的浮躁，我猜想人們在一個下雨的晚上，冒險出來聽這樣的演講，應該是打算來學習某些重要的東西。我突然很想知道，我是否能達成這個任務。我開始演說，舉出所有我最喜歡的故事，希望能提升房間裡的氣氛；我使出渾身解數以及每一個我所能想到的有趣故事，最後終於引起聽眾一些稀薄的笑聲。我很想停下來大聲對他們說：「喂，沒那麼嚴肅吧！」

教養子女是件嚴肅的事，但往往我們將其看得太嚴肅了。我們被責任的重擔層層包裹，以致於我們已無空間容納歡樂、嬉戲，及與小孩相處的**樂趣**，我們可能也失去了因孩子們好奇、自發性與天真的本性而感到歡樂的能力。參加工作坊或演講的父母們對於成為好父母有著深切的關心，但是這些男士與女士們卻非常難以關心自己——這通常太困難了。

有位父親曾經告訴我，他花了好多時間教導他三歲的女兒學數字、顏色與字母，但是他抱怨說：「她非常抗拒我教她東西。就像那一天，我正努力弄給她看怎麼去區分不同的顏色，但是她就生氣不聽我說。我真是搞不懂。」

父母親需要去享受與小孩相處的樂趣，而不是覺得他們**永遠**一定得教會小孩什麼，督促小孩學習，努力在智力發展與社交技巧上進步。孩子們可能會反抗這些想要教育他們的熱心與努力——這些經驗對他們而言就是**壓力**。

我們關心及認真的強度將使教養變成沈重且困難的工作，這讓我們的心變得更堅硬，以致於我們更容易產生憤怒的情緒，而不是慈愛的感受；此亦遮蔽了我們的視野，以致於我們不再對這些小人們感到驚奇——他們具有如此歡樂的能力以活在當下，擁有這麼多的好奇心及能量。這道光芒不見了，我們獨自沈重而緩慢地走著，希望每一天都不會有災難降臨，但是卻無法去欣賞這過程。

發現優點

「我是阿珺。我是一個離了婚的媽媽，我有一個十三歲的女兒小雯。」這位美麗、金髮碧眼、說話溫柔的白人女性向團體自我介紹，而且應我的要求，她說了一些她為何來參加這個課程的動機：「小雯一直是個敏感但有反應的小孩，但是最近這一年來，什麼事都不對勁。」阿珺很虛弱地笑了一下，「我知道她已經邁入十幾歲的年齡了，但是我覺得小雯在行為上的改變太極端了。我們以前會有來有往地交換意見；現在，什麼都沒有了。我一問她問題——甚至是最無關緊要的，像是『過得好嗎？』，她都會草率地答句『很好』來避開話題，或是聳聳肩就此結束我們的對話。她給我的感覺是，我活著就是為了要不斷地干擾她。」

「事情愈來愈糟糕。幾個禮拜前，小雯從暑期營露營回來，而我現在發現，我正和一個令人討厭、粗魯及愛生氣的小孩住在一起。我來這裡是希望有個人能夠告訴我，我哪裡做錯了，或者我要怎麼做會更好些。現在我們的親子關係毫無疑問是糟透了，所以基本上我想要知道兩件事情：如何讓我自己不會殺了她，以及在小孩可怕的十幾歲階段，怎樣才能成為一個較為善解人意及慈愛的媽媽。」

一些阿珺的同學——他們也有十幾歲大的孩子，心有戚戚焉地笑著。但是我注意到另一位女士——她曾經描述過她每天和她那「可怕的雙胞胎」作戰的情形，正努力隱藏她的恐懼。

我叫她：「阿秋，這是千真萬確的。聽起來可能很像是你那可怕雙胞胎的翻版。我想最好的建議就是，養育就是那種你必須把一天當作一個單位來看待。」我轉向阿珺，問她：「當小雯忽略你或表現得很粗暴時，你都做些什麼？」

「好像是我每天起床的時候，我都決定不要讓小雯靠近我——我想要嘗試以其他方法來應付她而不要發脾氣或嘮叨，但是，往往都是她計畫好來靠近我。我會在她沖完澡後進浴室，然後當我看到溼毛巾在地上、香皂在浴缸裡泡爛了、而洗髮精的瓶蓋還開著時，我就開始嘮嘮叨叨。所以我就會想，不但這女孩的行為很糟糕，她也想把我們的家變得像豬舍一樣。然後通常我就開始火山爆發了。」

幾乎所有的父母親都經歷過在他們孩子生命中的某些時期——不管是可怕的雙胞胎或是令人傷腦筋的十幾歲，他們想要將孩子帶回到一個比較好的模式裡；或者，他們幻想他們發現小孩出生的那家醫院不小心讓他們抱錯小孩，而他們真正的小孩是位負責任、有禮貌、合作性高的男士或女士。我們之中大多數人都曾經說過或曾經聽過其他夫妻說：「他不像**我們**家這邊的人。」「喔，他也一點不像**我們**家這邊的。」十幾歲的孩子特別難帶因為這些曾經是迷人及令人喜愛的孩子們，現在寧可赤腳走在火紅熾熱的木炭上，也不想對他們的父母親說出彬彬有禮的話。看起來是你愈嘮叨與吼叫，情況就會愈糟糕。你必須有一些設限，但是如果你不要吃力地去對付每一個小細節的話，你將可省下很多精力。

阿珺說：「如果小雯對待我不是像對待她的管家或室友那樣，我就不會這麼苦惱。她從來不把我為她所做的一切或我說的善意的話當作一回事。」

吉諾博士曾經說過，身為父母親的悲劇是，孩子不知道我們是他們的朋友——而我們卻不知道他們並不是我們的朋友。當我們的小孩把我們當作好像是最兇惡的敵人般攻擊我們時，我們很難不以同樣的態度回應他們。我們期待愛，或至少是感激，但是我們得到的卻是叛逆、陰沈的臉及憤怒——它們深深地引發我們的憤怒作為回應。

但是讓我們來面對現實吧！身為父母親，我們的主要角色是小孩生活裡派對的終結者。我們是那個必須說不、必須為他們設限、突然中止他們樂趣的人；而這也就是為什麼想要他們心情愉快是這麼困難的事。當小雯想要講電話時，阿珺卻是那個要她去做功課的人；或是那個要她在十一點前回到家的人，可是她所有的朋友（她是這麼說）卻都可以在外面玩到半夜。然而，阿珺卻期待她的女兒能心懷感激，因此當小雯盡其所能怨恨她的媽媽時，阿珺逐漸感到心中愈來愈荒蕪。當小孩愈來愈大時，親子間的緊張亦隨之增加，因為，身為新世代的成年人，他們經常衝撞到我們所設下的必要限制。我很少碰到十幾歲小孩的父母親沒有談過像阿珺這樣悲痛的故事。但是有時候我們太陷入在反面的行為裡而難以自拔，以致於我們看不到一點點優點——不管我們的小孩處在哪一個年齡，這都有可能發生。

我建議阿珺可以試試一個許多人都覺得很有幫助的活動，我稱它叫做「苦惱／自豪清單」。我要她拿出一張紙來，在其中一邊寫下「小雯激怒我的行為」，然後在另一邊寫下「小雯讓我欣賞的行為」，我想她可能會對結果感到驚訝。

下一個禮拜，阿珺來到工作坊時，提到她對小雯的感覺正向多了。她說：「苦惱／自豪清單真的很有幫助。我回家後就開始寫。我先寫『小雯激怒我的行為』，這部分很容易寫：她把毛巾丟在浴室地板上、把運動鞋留在玄關、她的外套在客廳地板上、她的書包丟在廚房、她音樂放得太大聲、她穿膝蓋破一個大洞的牛仔褲、她從來不告訴我每天發生的事、她幾乎不跟我說話。」

「然後我把紙翻過來，想要寫下新的清單：『小雯讓我欣賞的行為』。我寫的是：不用任何提醒她會自己做功課、她不會抱怨沒有很多零用錢可花、她總是會打電話告訴我她人在哪裡，而且她有一顆善良的心，她在學校協助組織一個基金籌備會，在假日時提供無家可歸者食物。」

我說：「這清單看起來非常有趣。當你完成這個活動之後，你自己有沒有得到什麼樣的結論？」

阿珺承認道：「我低下頭去看這兩個清單一會兒，我突然明瞭所有讓我感到苦惱的事情都是非常表面的。我注意到在激怒清單上主要都是想要去處理混亂，以及日漸增加的隱私而導致的憤怒。但是另一張清單上卻包含了真正重要的東西——那些反應了她的美德與價值觀。我決定了雖然她不和我吐露心事——那是很自然的，我仍可和她住在一起。整體而言，她做得很棒。我走過去告訴小雯我所做的功課，及分享我的感受。當我唸到『小雯讓我欣賞的行為』時，我說：『小雯，我知道你正在掌控你的生活——你做了所有重要的事，做得非常好。我猜想，毛巾在地板上對你來說不是很重要，但是它對我*很*重要，所以今天晚上我會把它撿起來。』我伸出手抱住她，然後我們彼此擁抱了一會兒。」

類似的突破性進展在工作坊的父母們身上總是會發生，即使當他們覺得自己也不知道該怎麼辦時。一些像是「苦惱／自豪清單」的技巧幫助他們對事情有個通盤及正確的瞭解——有些事情在生氣的當下通常很難做得到。另一位媽媽為了她兩歲的女兒做了「苦惱／自豪清單」之後，這經驗讓她感到振奮。她的苦惱清單上所列的項目是：

發出尖銳刺耳的聲音。

不願意自己玩。

不睡午覺。

當我忙著講電話時打斷我。

不願意和別人分享東西。

在公共場合或親朋好友面前表現不佳。

坐不住，坐不到五分鐘。

不照我所說的去做。

不願意讓我獨自一人，特別是當我很累的時候。

她的自豪清單包括以下的項目：

甜美、可愛、逗人喜愛、溫柔撒嬌。

聰穎及口齒伶俐。

合作性高、自我管理。

熱情的。

堅持不懈地。

好吃、好睡的孩子。

願意嘗試新東西。

喜愛和其他小朋友玩。

對待小貓很溫柔。

樂觀開朗的性格。

這位媽媽帶著燦爛的笑容大聲說出：「她是真的這麼甜美溫柔！但是有時候就是這麼容易忘記。」

將此當作一種不間斷的努力，去尋找你可以稱讚你的孩子、說他們做得很好的方法，也是很管用的。有時候，孩子們覺得父母親只會指出他們做錯了什麼，不停地嘮叨他們的缺點。我給參加工作坊的父母們一個練習——我要求他們在一個禮拜中，努力找出幾個時機，他們可以用明確、只聚焦在正向的句子來稱讚他們的孩子。以下是取自於幾位父母的一些例子：

我注意到你很有技巧地把逗點放進這些數學問題裡。

孩子們，這眞是一頓愉快的晚餐，我甚至連個打嗝聲都沒有聽到。

在女兒自己打了電話之後，她就在電話上交了一個朋友：這種祕書的技巧我可以用在我的辦公室裡！

你花了一整個小時和我上運動課，那是需要堅持不懈的毅力與很多的精力才行。

阿媽對你的感謝字條很感動，那一定花你很多時間及努力。

這眞是個錯綜複雜的大樓！都你自己做的，而你才六歲而已。

阿晴是位老師，她提到如何尋找方法稱讚她班上的學生，並且花時間把她的話寫下來：

小裕恭喜你，你只靠自己就安靜地完成所有獨立作業。

小國，你眞的很特別。在照顧我們班的班鼠時，你很有責任感，都不需要提醒。

小怡，做得好！我注意到你在我們的新同學小柏來學校的第一天幫助他。

她提到：「這些字條幫助孩子們將目標放在他們的努力上，並給予他們想要進步的動機。這些孩子們總是會保存著他們的字條——他們對此感到非常驕傲。」

在《養育九十年》一書中，歐士博先生[註]曾建議父母親必須注意，不只要給予讚美，也要提供鼓勵。「『你考了95分！太厲害了！』是讚美，但是『你一定非常努力才考了 95 分，不是嗎？』則是鼓勵。『你真是做得太棒了！』及『我真是為你感到驕傲！』是讚美，但是『我看得出來你為自己感到驕傲』是個鼓勵。鼓勵的話，像上述所提，其目標是確認小孩的努力、貢獻、自信與滿足的感受，及避免評價性的讚美。」採用這樣的方式，我們可以發現我們正向的話語不只是「空洞」的讚美，相反地，其將成為我們的孩子成長與改變的基礎。

喘息，是爲走更長的路

有時候，並不是我們的小孩讓我們感到失望。由於愧疚與挫折所造成的重擔，父母親經常對我吐露他們真正的失望，其實是對自己失望。他們相信他們是「不夠稱職」的父母親，而且他們

註：歐士博先生英文全名 Philip Osborne，著有 *Parenting the Nineties* 一書。

的失敗感是如此勢不可擋，以致於他們覺得自己的問題是無法解決的。我的團體中，很關心小孩且相當投入的父母們往往會說出像這樣的話：「我不知道要怎麼當父母。」或者是像某位媽媽十分煩惱地說：「過了三年，才想要抹去我曾經做過及說過的糟糕事，會不會太晚？」藉著加以變化的「苦惱／自豪清單」——此次將目標放在他們自己身上，我嘗試減輕這些父母親所感受到的罪惡感。在工作坊開始的時候，我要求他們去回想他們自己的父母親。「當你努力和別人一爭高下時，你的父母親做了些什麼？」我們把他們的反應寫在黑板上：

他們幾乎不會提高他們的音量。
他們從來不會羞辱我或攻擊我的自尊。
不管怎樣，他們都站在我這邊。
他們從來不會打我。
他們給了我很好的家庭觀念。
他們每天晚上讀書給我們聽。
他們讓每個小孩都覺得自己很特別。

我說：「現在，當你試著**不**去和你的同儕一爭高下時，你的父母親做了些什麼事情？」我在黑板上寫下像這樣的反應：

他們主張服從權力、愛指使別人，及古板的。
他們從不允許我們去表達憤怒。

他們不是非常溫柔親切。

他們偏心，還有把我們比來比去。

不管我做什麼，一定是不夠好。

他們反覆無常或前後矛盾。

他們沒有幽默感——他們是如此嚴格與嚴肅。

他們會因非常微不足道的事打我們。

他們從不道歉——不管他們錯得有多離譜或多不公平。

我們一度討論他們對父母親的記憶。我告訴他們：「正確估量你們自己的教養方式是很有幫助的。現在讓我們談談你們。首先，讓我們列下你想要改變的教養方式；然後，讓我們談談你想要自己成為什麼樣的父母。」

第一張清單總是很容易就完成——答案出現得很快，而且帶著強烈的怒意：

我想要更隨和。

我絕不要對他們大吼大叫或責罵他們。

我要學習享受與小孩玩耍的樂趣。

我不要這麼嚴厲地評斷他們。

我想要更常對他們笑及擁抱他們。

我想要找到更聰明的方法處理日常瑣事。

我想要講兩個故事給他們聽，不再是一個。

我絕不會打他們。

我不要嘮嘮叨叨。

我不要這麼常發脾氣。

第二張清單總是難以完成。父母親通常不習慣思考他們做得很好的事情，他們總是帶給自己最嚴厲的批評。但是黑板上還是慢慢地出現一些東西：

我相信我教導他們好的價值觀。

當他們要求解釋時，我會很有耐心。

我可以裝得很笨跟他們一起玩，然後我們會玩得很愉快。

我幫助他們做功課。

我大部分時候都能接受他們，並讓他們做自己。

我每天都說「我愛你」。

我給他們很多的擁抱。

我以他們爲榮，而且眞的很喜歡他們。

看著這兩張清單，我告訴他們，這就是所謂的父母，或者是身為人類的這件事，其意謂著，世界上總是有一些事情是我們能夠改變的，而好的事情也是。你不記得你的父母親都是很兇的，所以給你自己相同的信任——相信你是慈愛且投入的父母親。

當我指定這個功課給阿菁，一位五歲男童及兩歲女童的媽媽做時，她做出很不一樣的結果。阿菁過去經常表達出她的憂慮，她擔心她帶小孩的方法都錯了。她對自己是如此的冷酷嚴厲。每一次她無法以「正確」的方法說明某個狀況時，她就在腦海中「壞媽媽」的欄位上檢核自己。有一天早上在班上她告訴我：「我很擔心壞媽媽會獲勝。每一次我離開你的工作坊時，我都決定要做得好一點，但是我總是以錯誤收場——發生了某件事，然後我的好意全都飛到九霄雲外了。」我請她這禮拜回家做這個活動，然後下一次上課告訴我們結果。

阿菁下一個禮拜回到班上，看起來少了一點兒疲憊。我問：「你做那個活動時，發生了什麼事？」

她紅著臉表示：「嗯，我猜我沒有那麼糟糕，但是我也不完美。」

我要求阿菁告訴大家發生了什麼事。

阿菁說：「嗯，我，當然，從負面的開始做起。我先寫『對於我自己身為父母，我能做什麼改變』，這是很長的一串。」她看著一張紙讀著：

我不要將我的音量抬得這麼高。

我要多一點耐心。

當他們打擾到我的平靜時，我不會怨恨我的小孩。

我不要努力強迫他們去做他們不想做的事。

我要努力展現多一點興趣，當他們告訴我他們的超級英雄或汽車收藏品那些難以忍受又臭又長的細節時。

我不要這麼常常說「不」。

「這些是負面的。而這作業的另一部分是很難完成的——對於自己身為父母，我喜歡自己什麼？」她承認說：「看完一長串負面的部分，我的心情十分低落，但是我強迫自己想出個什麼東西出來。」她深吸了一口氣：「好，以下就是我所寫的『對於自己身為父母，我喜歡自己什麼？』」

我一天告訴他們好幾次我愛他們。

我常常擁抱我的小孩。

當他們做一些東西或是畫畫送給我時，我總是稱讚他們。

我努力準備非常健康又有趣的食物，所以他們可以好好享受他們的用餐時間。

（跟我的老大）我在傳遞我的評論之前，會先站在他的立場聽他說。

我非常非常地愛他們。

阿菁唸完後，聳聳肩說：「你們所聽到的這些就是全部了。」

我問：「你自己從這個活動中學到什麼東西嗎？除了你對自己非常挑剔之外。」

「首先，我並不是一無可取。事實上，我瞭解到我每天做很多很好的事情。我也瞭解到我的小孩大部分時間喜歡圍繞在我的四周，所以我不能做一個太恐怖的食人魔。看起來當我特別累的時候，負面的事情就發生了。我給我的先生看我列出來的清單，他說這張清單在他看起來，好像我所需要的就是休息——從一天二十四小時媽媽的責任中跳出來。」

阿菁的先生提出一個很好的看法，而且如果她夠幸運，他就會幫助她得到她所需要喘息的機會。父母親不會給自己足夠的休息，不管是情緒上或是身體上。當你已經精疲力盡時，你很難表現出慈愛的一面。阿菁的故事證明了我們都需要聆聽一些事。不要對自己如此冷酷嚴厲！學習去看好的一面，不僅要用在孩子們的身上，也要用要你自己身上。我並不是說你所有的問題都會消失不見，但是我們都能從這正向的增強得到好處。

放輕鬆

在父親與小孩聯結這個主題上，一位創新的研究者葛林博格博士[註]在「父親們：愛上你們的新生兒」一文中談到，有一天他發現養育他八個月大的兒子並不一定是個需要極度嚴肅的任務。這個家庭塞進他們擁擠的小金龜車裡，他們必須開上超過四小時的車程。當他們順利將車停在路邊暫作休息時，他的太太阿蔻要求他幫小森換尿布。

葛林博格問她：「他是尿尿還是嗯嗯？」

她跟他確定：「是尿尿。」

註：葛林博格博士，英文全名為Martin Greenberg, M.D.，其Fathers: Falling in Love with Your Newborn 發表於 *Experts Advise Parents* 一書中。

毫不費力地，我在大腿上打開小森的尿布，然後我注意到一顆褐色的小圓物體從尿布裡迅速滾出並打轉，彷彿是輪轉盤上的球，最後它終於停止滾動，棲身在我最喜歡的米色毛衣上。剛開始時我簡直目瞪口呆，什麼話都沒說，然後當我喘了口氣，我看著我太太並大吼著：「你告訴我沒有嗯嗯！」我太太正企圖壓抑她自己的反應——她將拳頭放進她的嘴巴裡……但是她笑得愈厲害，我就愈生氣。最後我帶著生氣及挫折感怒視前方，開車上路。我大叫：「狗屎王八蛋，一點兒都不好笑，那是我最喜歡的毛衣。」

接下來的三十分鐘，葛林博格冷酷地開著車，怒視著前方不發一語。然後，突然地，這整個愚蠢的情況掠過他腦海，然後他開始大笑，他笑得如此激動，以致於他必須把車停在路邊。

阿蔻說：「喔，你看起來好像覺得便便在你的大腿上是件有趣的事。」這句話甚至讓他笑得更厲害了。

葛林博格回憶道：「小森意識到正進行某件有趣的事，他的笑聲也加入這共同的歡笑中。雖然他並不知道我們為什麼笑，但是這裡有個東西和他產生了關聯，讓他覺得愉快。我們全家人擁抱在一起，我感覺到一股強烈的親密感在我們三個人之中滋長。」

也許沒有哪一齣偉大的喜劇比得上養育的工作——一個受歡迎的節目「美國最有趣的家庭錄影帶」可為證明，然而，當我們認定自己身為父母時，我們常常將焦點放在這個工作令人發怒的、有壓力的，及極度嚴肅的那一面。笑聲可被視為一種具有治療功用的突圍，即使是很短的一段時間，仍可讓我們以正向的方式經驗生活裡的荒謬，及許多我們周遭情境裡的單純喜悅。

也有一些時刻，父母親處於一場似乎永不停止哀鳴、哭號及吼叫的洪流中間，而我們因剎那間空白而卡住了，而這空白正好如同一扇打開的窗戶，可以釋放我們的挫折。

阿玲在本書中曾提到她與她五歲女兒令人厭煩的對話，曾經歷這樣的時刻允許她伸出愛的雙手。這是她的敘述：

我拿出一雙綁鞋帶的鞋子。

我討厭這些鞋帶。

我選了另一雙並開始幫她穿。

不要幫我。

我停下來。

不，幫我用。

我繼續幫她穿。

不要用那個啦！

我拿出鞋子。

我討厭那些鞋子。

我穿上鞋子。

不，不要！它們好醜。它們讓我看起來像個小女孩，我想要看起來像個大女生。

突然間，我停止對她的反抗做反應，我感覺到她的不快樂。我彎下身抱抱她。這個早上所有的憤怒都不見了，我在她的耳邊悄聲說：「你好漂亮。」

有些時候我們必須後退一步，並做出與我們小孩期待相反的行為，無可否認地，這可能是非常困難的。然而，如果能夠改變自己心情去回應，而不是單純只對行為本身做反應，將是個強而有力的工具。也許你的小孩在一天結束時相當暴躁與不安，他並不想要吃晚餐，而你也累壞了，你只想對他吼叫。他預期你會開始發脾氣，但是最後他想要的卻是得到安撫。他是不是個精力充沛好動的小孩？如果是，把他抱到你的膝上對他說：「喔，你已經過了激烈運動的一天了，我知道你很累了，我能幫你做些什麼？」然後忘了晚餐的事吧。所以如果他在五點沒有吃晚餐時，該怎麼辦？在七點時你可以給他吃個蘋果。不要讓你自己陷入這樣的例行生活方式使你無法讓自己反省自問：「喂，這真的有這麼重要嗎？」

一位兩歲小孩的爸爸曾經這樣描述，當他對兒子不聽話的行為大發雷霆時，他對他的兒子吼說：「幾歲了？像樣點！」他說：「當我聽到這幾個字時，我開始歇斯底里般大笑。他的行為**是**像他的年齡啊，我反而是那個表現得不像樣的人——不像是**我的**年紀。」

我們通常不會覺察我們催促小孩的頻率有多麼頻繁——他們**沒有**時間概念，除非當時他們正好深陷其中。有時候我會要求有兩歲到五歲小孩的父母親，記下一天之中他們說「好了沒」或「快一點」的次數，而他們對結果常會感到驚訝，因為就像某位媽媽所承認的：「我甚至都沒有聽到自己這樣說。這已變成自動化的反應了，彷彿我孩子的名字就叫做『快一點』。」

阿韻是一位非常熱情、努力工作的女性，她總是像變戲法般工作家庭兩頭忙。她告訴工作坊的團體成員，她六歲大的女兒如何在事情的重要性給她上了一課。她自我挖苦地說：「我是那種將我一天中的每一分鐘排滿的人。六點起床，洗澡，穿衣服，吃早餐，叫孩子起床及送他們出門，趕火車，工作—工作—工作，以跑百米的速度回家，做晚餐等等……等等……等等。有時候，我想我小孩對我的整個印象，應該是這東西颼颼很快就過去了，然後又在進行下一個活動。」她笑笑，然後又說了：「事實上，這不是這麼有趣。通常這是非常糟糕的，我想他們會在我的墓碑上寫著：『現在不行，我正忙著』。但是我的女兒小芸似乎自己決定想要教導我停下來，聞聞玫瑰花的香味，但是，當然我還是很吃力地從辦公室帶了一大疊的文書工作回家。一個星期六早上，我和小芸到海邊去，她帶了水桶和鏟子，而我帶了一個報告的綱要，那最慢星期一就一定要交。那是個漂亮、有陽光的日子，沙灘幾乎沒有人。小芸在離我幾呎遠的地方開始玩起來，而我埋首於我的工作裡。大約十五分鐘後，她走過來跟我說：『媽，我們來蓋沙堡。』我嘆了口氣然後說：『小寶貝，我也很想去（不全是真話），但是媽咪必須工作。』她苦苦哀求：『喔，拜託嘛，幾分鐘就好了嘛。』我態度軟化了，我邊站起來邊告訴她：『好吧，我會幫忙開始蓋城堡，然後我就會回來繼續工作。』我們坐在濕冷的沙子上，然後開始堆泥巴。過了一會兒，小芸看著我，她滿臉通紅，說：『媽咪，這樣不是很好玩？你都沒有時間玩。』在她的臉上及聲音裡有個東西跑到我心坎裡。我突然從她的眼裡這麼清楚地看到我自己——總是很忙碌，總是衝來衝去。我所有的急急忙忙真的比跟我女兒共享珍貴的時光還重要嗎？這領悟讓我泛紅了眼眶——這是真的這麼真實的時刻。我對小芸微笑並告訴她：『你說得對！也許我今天不用工作。』我們蓋了有始以來最大的沙堡，而且我深深覺得對這孩子的感激之情——她幫忙我允許自己就是坐在沙灘上玩。一整個星期她不停地在說我們的沙堡。」

愛在當下

當阿馨描述那個突然出現的覺察——改變了她看她四歲兒子小良的方式時，我深受感動。

「總是有這麼多事情要做——我們並沒有很多共同的愉悅時光。每一天總是辛苦奮鬥著幫小良穿衣服，然後送他到幼稚園，然後我再自己去上班。下班後，我去接一個疲憊的、易發脾氣的小孩，然後到超市去，吃晚餐，洗澡，把他弄上床，然後做家事。我沒有時間去欣賞小良。我累了，而且覺得緊張兮兮，我好像總是拼命吼著命令：『快一點……現在不行……住手……不可以。』」

「一天早上吃早餐時，小良正在嗚嗚哭個不停，又有點兒發燒，我可以想見得到他已不舒服到無法去上學。這真是到了我容忍的極限。現在我必須請一天假，且我一點也不期待自己一整天都得跟一個愛哭、要求東要求西的小孩關在家裡。我很生氣，所以在我的心裡完全找不到對他有一絲的同情。我坐到餐桌上，就坐在他的對面，瞪著他拖著兩條鼻水的鼻子及淚眼汪汪的眼睛。突然地，我好像被一道電流擊中了一般。我**看到**了一個不一樣的他。他溫柔、甜美的小臉蛋……他悲傷的小嘴——很輕易地就可以綻放燦爛的笑容……他圓滾滾、溫暖、帶著香香味道的身體。我整個人充滿了對他的慈愛，因此剎那間，我所有的怨恨、焦慮及憤怒都被化解了。那時，我真的看到小良，不是那個令人氣惱的來源，而是我生命中的禮物。」

當她告訴班上這個故事時，房間裡許多父母親都濕潤了雙眼。那彷彿是一道光突然照亮了整個房間，而我們再一次看到，養育工作不僅僅是一連串無止境的家事及無法解決的兩難困境。在那當下，所有的憤怒都留在房間裡了。我希望，那天晚上在這些人的家裡面，會有許多父母親坐在餐桌對面看著他們的小孩，然後經驗一個全新的愉悅感受。

附錄A：建議閱讀

給父母

Ames, Louise Bates, and Francis L. Ilg. *Your Two-Year-Old* and *Your Four-Year-Old.* New York: Delta, 1980.

Balaban, Nancy. *Learning to Say Goodbye: Starting School and Other Early Childhood Separations.* New York: New American Library, 1987.

Balter, Lawrence, with Anita Shreve. *Who's in Control? Dr. Balter's Guide to Discipline Without Combat.* New York: Poseidon Press, 1988.

Bank, Stephen, and Michael Kahn. *The Sibling Bond.* New York: Basic Books, 1982.

Bloom, Jill. *Help Me to Help My Child: A Sourcebook for Parents of Learning Disabled Children.* Boston: Little, Brown, 1990.

Briggs, Dorothy. *Your Child's Self-Esteem.* New York: Doubleday, 1970.

Comer, James P., and Alvin Poussaint. *Black Child Care: How to Bring Up a Healthy Black Child in America.* New York: Simon & Schuster, 1975.

Crary, Elizabeth. *Pick Up Your Socks.* Seattle: Parenting Press, 1990.

Davitz, Lois and Joel. *How to Live* Almost *Happily with a Teenager.* Minneapolis: Winston Press, 1982.

Dombro, Amy, and Leah Wallach. *The Ordinary Is Extraordinary: How Children Under Three Learn.* New York: Simon & Schuster, 1988.

Ekman, Paul. *Why Kids Lie.* New York: Scribners, 1989.

Faber, Adele, and Elaine Mazlish. *How to Talk So Kids Will*

Listen and Listen So Kids Will Talk. New York: Rawson-Wade, 1980.

———. *Liberated Parents—Liberated Children*. New York: Grosset & Dunlap, 1974.

———. *Siblings Without Rivalry: How to Help Your Children Live Together So You Can Live Too*. New York: Avon, 1987.

Fraiberg, Selma. *The Magic Years*. New York: Scribners, 1959.

Francke, Linda B. *Growing Up Divorced*. New York: Linden Press, 1983.

Galinsky, Ellen and Judy David. *The Preschool Years*. New York: Times Books, 1988.

Gaylin, Willard. *The Rage Within: Anger in Modern Life*. New York: Simon & Schuster, 1984.

Ginott, Haim. *Between Parent and Child*. New York: Avon, 1971.

———. *Between Parent and Teenager*. New York: Avon, 1971.

Jones, Sandy. *Crying Babies, Sleepless Nights: How to Overcome Baby's Sleep Problems—and Get Some Sleep Yourself*. New York: Warner, 1983.

Kitzinger, Sheila. *The Crying Baby*. New York: Penguin, 1989.

Kurshan, Neil. *Raising Your Child to Be a Mensch** (*Decent, Caring, Responsible Person). New York: Atheneum, 1987.

Lansky, Vicki. *Vicki Lansky's Divorce Book for Parents*. New York: New American Library, 1989.

Leach, Penelope. *Your Growing Child—From Babyhood Through Adolescence*. New York: Knopf, 1986.

Lerner, Harriet Goldhor. *The Dance of Anger*. New York: Harper & Row, 1985.

LeShan, Eda. *When Your Child Drives You Crazy.* New York: St. Martin's Press, 1985.
Miller, Alice. *For Your Own Good: Hidden Cruelty in Child-rearing and the Roots of Violence.* New York: Farrar, Straus & Giroux, 1983.
Miller, Karen. *Ages and Stages.* New York: Telshare, 1985.
Osborne, Philip. *Parenting for the Nineties.* Intercourse, Pa.: Good Books, 1989.
Osman, Betty. *Learning Disabilities: A Family Affair.* New York: Random House, 1979.
———. *No One to Play With: The Social Side of Learning Disabilities.* New York: Warner, 1980.
Paley, Vivian Gussin. *Bad Guys Don't Have Birthdays: Fantasy Play at Four.* Chicago: University of Chicago Press, 1988.
———. *Boys and Girls: Superheroes in the Doll Corner.* Chicago: University of Chicago Press, 1984.
Quindlen, Anna. *Living Out Loud.* New York: Random House, 1988.
Samalin, Nancy, with Martha M. Jablow. *Loving Your Child Is Not Enough: Positive Discipline That Works.* New York: Penguin, 1988.
Schiff, Eileen, ed. *Experts Advise Parents: A Guide to Raising Loving, Responsible Children.* New York: Delta, 1987.
Simons, Robin. *After the Tears: Parents Talk About Raising a Child with a Disability.* Denver: The Children's Museum of Denver, 1987.
Smith, C. W. *Uncle Dad.* New York: Berkley, 1989.
Smith, Sally L. *No Easy Answers: The Learning-Disabled Child at Home and at School.* New York: Bantam, 1981.
Strean, Herbert S., and Lucy Freeman. *Raising Cain.* New York: St. Martin's Press, 1988.
Tavris, Carol. *Anger, the Misunderstood Emotion.* New York:

Touchstone, 1982.
Visher, John and Emily. *How to Win As a Stepfamily*. Chicago: Contemporary Books, 1982.
Weinhaus, Evelyn, and Karen Friedman. *Stop Struggling with Your Teen*. New York: Penguin, 1988.

給小孩

Alexander, Martha. *Nobody Asked Me If I Wanted a Baby Sister*. New York: Dial Press, 1971 (preschool).
———. *When the New Baby Comes, I'm Moving Out*. New York: Dial Press, 1979 (preschool).
Balter, Lawrence. *What's the Matter with A.J.? Understanding Jealousy*. New York: Barron's, 1989 (preschool).
Banks, Ann. *When Your Parents Get a Divorce*. New York: Puffin, 1990 (school age and preteens).
Berenstain, Stan and Jan. *The Berenstain Bears Get into a Fight*. New York: Random House, 1982 (preschool).
Blume, Judy. *Are You There, God? It's Me, Margaret*. New York: Dell, 1974 (school age and preteens).
———. *It's Not the End of the World*. New York: Bradbury Press, 1972 (school age).
———. *Letters to Judy: What Kids Wish They Could Tell You*. New York: Pocket Books, 1986 (for preteens).
Cole, Joanna. *The New Baby at Your House*. New York: Morrow, 1985 (preschool).
Crary, Elizabeth. *My Name Is Not Dummy: A Children's Problem-Solving Book*. Seattle: Parenting Press, 1983 (preschool and early school age).
Gardner, Richard. *The Boys and Girls Book About Divorce*. New York: Bantam, 1971 (school age).
Goff, Beth. *Where Is Daddy? The Story of a Divorce*. Boston:

Beacon Press, 1983 (preschool and early school age).
Hazen, Barbara Shook. *Even If I Did Something Awful.* New York: Atheneum, 1981 (preschool).
———. *If It Weren't for Benjamin I'd Always Get to Lick the Icing Spoon.* New York: Human Sciences Press, 1979 (preschool).
———. *Why Couldn't I Be an Only Kid Like You, Wigger.* New York: Atheneum, 1975 (preschool).
Joose, Barbara M. *Dinah's Mad Bad Wishes.* New York: Harper & Row, 1989 (preschool).
Krementz, Jill. *How It Feels When Parents Divorce.* New York: Knopf, 1988 (school age and teens).
Laiken, Deidre and Alan Schneider. *Listen to Me, I'm Angry.* New York: Lothrop, 1980 (preteens and teens).
Lansky, Vicki. *A New Baby at Koko Bear's House.* New York: Bantam, 1987 (preschool).
Mayer, Mercer. *I Was So Mad.* New York: Golden Press, 1983 (preschool).
Preston, Edna Mitchell, *The Temper Tantrum Book.* New York: Puffin, 1976 (preschool).
Quinsey, Mary Beth. *Why Does That Man Have Such a Big Nose?* Seattle: Parenting Press, 1986 (preschool).
Oram, Hiawyn. *Angry Arthur.* New York: Dutton, 1989 (preschool).
Rogers, Fred. *The New Baby.* New York: Putnam, 1985 (preschool).
Scott, Sharon. *How to Say No and Keep Your Friends.* Amherst, Mass.: Human Resource Development Press, 1986 (preteens and teens).
———. *Too Smart for Trouble.* Amherst, Mass.: Human Resource Development Press, 1990 (school age).
Sendak, Maurice. *Where the Wild Things Are.* New York: Harper & Row, 1963 (preschool and early school age).

Vedral, Joyce. *My Parents Are Driving Me Crazy*. New York: Ballantine, 1986 (preteens and teens).
Viorst, Judith. *Alexander and the Terrible, Horrible, No-Good, Very Bad Day*. New York: Atheneum, 1972 (preschool).
———. *If I Were in Charge of the World and Other Worries*. New York: Atheneum, 1981 (for all ages).
———. *I'll Fix Anthony*. New York: Aladdin, 1988 (preschool).
Wells, Rosemary. *Noisy Nora*. New York: Dial, 1973 (preschool).
Zolotow, Charlotte. *Big Brother*. New York: Harper & Row, 1960 (preschool).
———. *The Quarreling Book*. New York: Harper & Row, 1963 (preschool).

In addition, the following books are excellent resources for selecting books for children.

Fassler, Joan. *Helping Children Cope: Mastering Stress Through Books and Stories*. New York: Free Press, 1978.
Oppenheim, Brenner and Boegehold. *Choosing Books for Kids*. New York: Ballantine, 1986.
Trelease, Jim. *The New Read-Aloud Handbook*, second revised edition. New York: Penguin, 1989.
Wilford, Sara. *Tough Topics*. Stamford, Conn.: Longmeadow Press, 1989.

附錄 B：父母親憤怒情緒問卷調查

本書所呈現的資料來自於以下的問卷內容與問題：

我想要邀請您參與一個重要的研究，這是我為尚未出版的書——《愛與憤怒：父母親的兩難困境》所進行的研究。

接下來的這份簡短問卷提出了一些我想在書中討論的問題。我熱切地希望能從像您這樣的父母親身上盡可能蒐集到愈多的資料。您的回答在協助我聚焦討論父母親所關心與憤怒有關的特定事情上非常有價值。請盡可能回答愈多問題愈好，如果你希望能詳細描述您的答案，您可以使用更多的紙來書寫。

您提供的所有訊息將會被嚴格保密。您在問卷尾端的簽名表示您同意我可以在書中採用您談論的內容；為了匿名的需要，一些特定的細節將會被修改。

如果您願意接受進一步的訪問，請留下的姓名、住址及電話。並請將此份問卷寄回：

南西・薩姆琳，科學碩士
指導者
父母親諮詢工作坊
河邊道 180 號
紐約，N. Y. 10024

1. 你的小孩是：

性別　　年齡

____　____

____　____

____　____

____　____

____　____

____　____

2. 在下列情形中，你最有可能對你的小孩發脾氣的是（勾選所有符合的情境）：

____當他們不去做你所說的。

____當他們發牢騷或與你爭辯時。

____當他們對你視而不見或忽略你的存在時。

____當他們在大庭廣眾之下讓你難堪時。

____當他們不為自己或他們的東西負責任時。

____當他們互相吵嘴或打架時。

____當他們頂嘴或違逆你時。

____當他們遊手好閒或是過得迷迷糊糊。

____當他們在你過了很累或壓力很大的一天之後吵你。

____其他（請詳細敘述）

3. 請用你自己的話描述你對你的小孩最生氣的事，並完成以下句子：

「那真的讓我抓狂，當……」

4. 你能想起最近一次，你的小孩讓你非常生氣，並且失去控制的行為？描述這個經驗，盡可能回想當時的對話，最好以對話的形式呈現。

範例：

你：「你完成你的功課了嗎？」

小孩：「我要晚一點再做。」

你：「我告訴你要在打開電視之前完成功課。」

小孩：「但是那是我最喜歡的節目。」

你：「現在關掉。」

小孩：「你是壞蛋！」

你：「你說的對！今晚都不准看電視。」

5. 當你開始對你的小孩生氣時，你有任何技巧可以幫助你避免增強小孩與你的對抗嗎？

6. 在與小孩爆發衝突或對話之後的餘波中，你們如何和好或解決問題？

其他的意見：

你願意接受進一步的訪談嗎？

____是　____否

姓名：________________________________

住址：________________________________

城市：______________ 州：__________ 郵遞區號：________

電話：(　　) ________________________

簽名：________________________________

日期：________________

作者註：

我渴望能得到您的訊息，而且歡迎您的評論、回應與建議。讓我知道什麼對您是有效的，而您又遇到什麼樣的困難。

如是您想要與我聯絡獲得有關演講、工作坊及定約的訊息，請寫信給南西・薩姆琳，河邊道 180 號，紐約，N. Y. 10024。

國家圖書館出版品預行編目資料

愛與憤怒：父母親的兩難困境／Nancy Samalin 作；
許瑛玿譯. --初版.-- 臺北市：心理, 2005（民 94）
面；　公分. --（親師關懷；20）
參考書目：面
譯自：Love and anger：The parental dilemma

ISBN 978-957-702-769-6（平裝）

1. 親職教育　2. 父母與子女　3. 愛　4. 憤怒

528.21　　94002500

親師關懷 20　愛與憤怒：父母親的兩難困境

作　　者：Nancy Samalin
譯　　者：許瑛玿
執行編輯：李　晶
總 編 輯：林敬堯
出 版 者：心理出版社股份有限公司
社　　址：台北市和平東路一段 180 號 7 樓
總　　機：(02) 23671490　　傳　　真：(02) 23671457
郵　　撥：19293172　心理出版社股份有限公司
電子信箱：psychoco@ms15.hinet.net
網　　址：www.psy.com.tw
駐美代表：Lisa Wu　Tel：973 546-5845　Fax：973 546-7651
登 記 證：局版北市業字第 1372 號
電腦排版：臻圓打字印刷有限公司
印 刷 者：中茂分色製版印刷事業股份有限公司
初版一刷：2005 年 3 月
初版二刷：2006 年 9 月

ISBN-13 978-957-702-769-6
ISBN-10 957-702-769-5